Lösungsheft

Besser in allen Fächern
Sachtexte verstehen und verfassen

von Gerd Brenner

Ein Hinweis:
Die hier angegebenen Lösungen sind – wie beim Themenbereich „Texte verstehen und verfassen" nicht anders zu erwarten – in vielen Fällen Lösungsvorschläge. Oft lassen sich auch andere sinnvolle Lösungsmöglichkeiten finden.

A Fehlerquellen

Für die Übungen 1 bis 4 können – wie für einige andere Aufgaben auch – natürlich keine bestimmten Lösungen vorgegeben werden.

B Sachtexte verstehen: aktives Lesen

5 Ein „TV-Trailer" ist ein in der Geschichte des Fernsehens relativ neues, appellatives Programmelement, mit dem eine Sendeanstalt Zuschauer dazu veranlassen will, im eigenen Programm zu bleiben. Ein Trailer dient somit der Eigenwerbung; er schließt unmittelbar an eine Sendung an oder wird sogar in den Abspann eines Filmes etc. hineingeschaltet. Er wird nicht als Werbung kenntlich gemacht, ist für den Zuschauer – im Unterschied zur Schleichwerbung – aber als appellatives Programmelement erkennbar.

6 Programmelement, das Zuschauer zu einer Handlung veranlassen soll (appellatives Programmelement)

7 Trailer: Produktwerbung:
Eigenwerbung   Auftragswerbung für andere

Trailer: Schleichwerbung:
nicht als Werbung kenntlich gemacht,   versteckt und für Zuschauer schwer
aber für Zuschauer als solche erkenn-   erkennbar
bar

8 Vgl. die Lösung zu Aufgabe 5.

9 ① Das menschliche Hormon Melatonin und seine Vermarktung als Wunderheilmittel.
② In der Wochenzeitung „Die Zeit". Er zielt auf ein Lesepublikum, das an kritischer Aufklärung interessiert ist.
③ Anlaß ist der Melatonin-Boom in den USA, der durch die Medien ausgelöst wurde.
④ Während z.B. der amerikanische Arzt R. Sahelian Melatonin für ein wirksames Schlafmittel hält, ist für das Bundesinstitut für gesundheitlichen Verbraucherschutz in Berlin die Unbedenklichkeit des Mittels nicht nachgewiesen.
⑤ In diesem Textauszug nicht.

10 Mögliche Schlüsselwörter:
– zielgruppengerecht
– Programmhinweise
– Ziele
– Um- und Abschalten
– Aufmerksamkeit
– Kosten
– Grenzen
– ästhetisch

11 Mögliche Überschriften:
- Die zielgruppengerechte Aufmachung der Trailer
- Die mediengeschichtliche Entwicklung hin zu Trailern
- Erstes Ziel von Trailern: Interesse wecken
- Zweites Ziel: Um- und Abschalten verhindern
- Drittes Ziel: Das Profil einer Sendung schärfen
- Kosten von Trailern
- Rechtliche Grenzen der Trailer-Eigenwerbung
- Neue künstlerische Qualitäten von Trailern

12

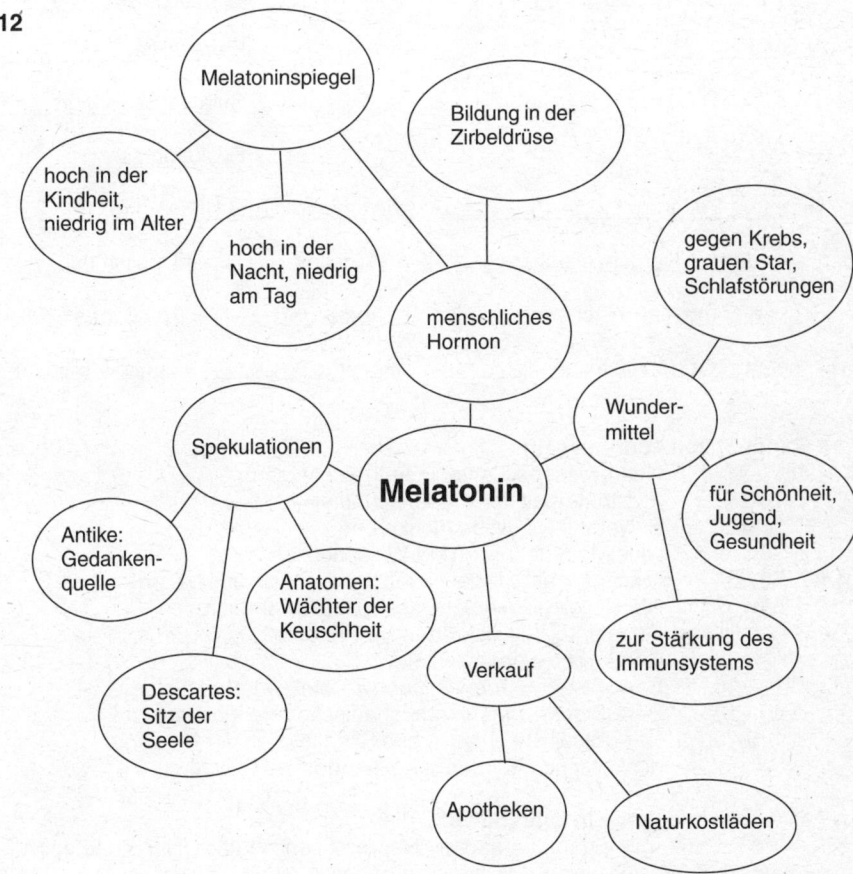

13

Naturwissenschaften:		Neurowissenschaften:
Biologie		Psychologie
Physik		Physiologie
Chemie		Philosophie

Bewußtsein

alternative Begriffe:		Modebegriffe:
Seele		Chaos
Geist		Komplexität
		Selbstorganisation
		Evolution

neuere Erklärungen:	wissenschaftliche Übereinkunft:	
wandernde Nervenzellen	materielles	Dualismus
quantenmechan. Rechennetzwerk	Produkt	Descartes
chemische Schaltstellen	sum ergo cogito	cogito ergo sum

14 Randnotizen könnten sein:

Z. 1-17	Neurowissenschaftler in Aufbruchstimmung
Z. 18-24	Zerstrittenheit der Wissenschaftler
Z. 25-42	Bewußtsein existiert nicht mehr
Z. 38-58	viele Modebegriffe in der Wissenschaft
Z. 59-83	wissenschaftl. Übereinkunft: Bewußtsein aus Materie
Z. 83-137	Neurobiologie als Schlüssel zum Bewußtsein
	Gene und Umwelt prägen Bewußtsein
	wandernde Nervenzellen
Z. 138-161	Bewußtsein = Trommelfeuer von Neuronen im Gehirn
Z. 162-184	Bewußtsein = quantenmechanisches Rechennetzwerk
Z. 185-205	Bewußtsein an chemischen Schaltstellen der Nerven
	dualistische Theorien in der Minderheit

17 Eine Inhaltsangabe in zehn Sätzen:

– Der Text informiert darüber, daß die Neurowissenschaftler (Nerven-/Gehirnwissenschaftler) sich weltweit in einer Aufbruchstimmung befinden.

– Der Autor teilt außerdem mit, daß diese Wissenschaftler unterschiedlicher Disziplinen wie der Psychologie, der Physik, der Biologie, der Chemie oder der Medizin ziemlich zerstritten sind, was Aussagen über das Bewußtsein anbetrifft.

– Für einige wie den Psychologen E. Pöppel und den Neurophysiologen C. Blakemore hat sich das Bewußtsein ganz aufgelöst.

– Andere dagegen operieren mit vielerlei Modebegriffen, um es zu beschreiben.

- Fast allgemeine wissenschaftliche Übereinkunft ist, daß das Bewußtsein eine materielle Basis hat.
- Ansonsten gehen die Vorstellungen auseinander:
- Für Neurobiologen (z.B. G. Edelman) ist das Bewußtsein eine Ansammlung wandernder Nervenzellen.
- Für einige Mathematiker und Anästhesisten ist es ein quantenmechanisches Rechennetzwerk.
- Für wieder andere setzt es sich aus chemischen Schaltstellen der Nerven zusammen.
- Bis auf eine Ausnahme (J. Eccles) nimmt kein bekannter Wissenschaftler mehr eine Dualität von Geist und Gehirn (Materie) an.

19
20

1. ____________________

„... die Zunft der Hirnforscher ist zerstritten." (Z. 19 f.)

2.

____________________	____________________
Das Bewußtsein ist „ein Phänomen, das sich gleichsam verflüchtigt" (Z. 35 f.). (Es gibt kein Bewußtsein.)	„Geistige Phänomene sind ein Produkt der materiellen ... Welt." (Z. 59 ff.) (Bewußtsein ist Materie.)

3.

____________________	____________________	____________________
Neurobiologen: „Nervenzellen wandern, ... bilden Kontakte aus." (Z. 124 ff.)	Bewußtsein ist ein „quantenmechanisches Rechennetzwerk innerhalb des neuronalen Netzes" (Z. 182 ff.). (Stuart Hameroff)	Das Bewußtsein erkennt man „an den chemischen Schaltstellen der Nerven, den Synapsen" (Z. 189 ff.). (John Eccles)

22 ① Alliteration
② Metapher
③ Vergleich
④ Antithese

23 rhetorische Strategie: Veranschaulichung, Ausschmückung

24

sprachliche Phänomene		**vermitteln den Eindruck von:**
Fremdwort	→	Wichtigkeit
Neologismus	→	Aktualität
Archaismus	→	ironische Distanz
fremdsprachliche Zitate	→	Bildung und Belesenheit
Euphemismus	→	Problemverleugnung

25 Der englische Mathematiker Roger Penrose glaubt, quantenmechanische Phänomene in den Mikrotubuli, den Skelettmolekülen der Zelle, entdeckt zu haben. Begeistert unterstützt wird er dabei von dem Anästhesisten Stuart Hameroff. (...) So postuliert er ein quantenmechanisches Rechennetzwerk innerhalb des neuronalen Netzes.

26 Beispiele: Christof Koch liebt es aufzufallen. (...) Hier, in der Stadt von Hegel und Hölderlin, fühlt sich der Wahlamerikaner wohl.

27 An wissenschaftlich interessierte Laien, die eine Lektüre leicht aufgeben, wenn sie zu kompliziert verfaßt ist.

28 Der Autor will eine komplizierte Materie an möglichst viele Leserinnen und Leser vermitteln. Für diesen wissenschaftsjournalistischen Text ist daher typisch, daß am Anfang Umgangs- und Standardsprache genutzt wird, um den Leserinnen und Lesern den Zugang zu dem wissenschaftlichen Thema zu erleichtern.

32 Der Autor gehört offensichtlich der Berufsgruppe der Wissenschaftsjournalisten an. Mit seinem Text verfolgt er das Ziel, wissenschaftlichen Laien einen relativ komplizierten wissenschaftlichen Stoff nahezubringen, also Interesse für dieses Sachgebiet wecken. Außerdem will er offensichtlich die eigene Darstellungskunst demonstrieren, indem er den Sachverhalt möglichst anschaulich und interessant darstellt. Das ergibt sich aus einigen Strukturmerkmalen des Textes; denn der Autor hat sich am Anfang bemüht, den Leser mit umgangssprachlichen Wendungen in die komplizierte Materie hineinzuziehen. Außerdem verwendet er eine Reihe rhetorischer Mittel wie Metaphern, Vergleiche, antithetische Konstruktionen und Alliterationen, um alles anschaulich und lebendig darzustellen.

34 ① verrückte
② reißerischen

35 ① neutral
② leicht wertender Charakter („gar")
③ neutral
④ leicht wertender Charakter („Fangemeinde")

36 Spöttische Distanz lassen folgende Wendungen erkennen:
„vermutete hier gar den Sitz der Seele"
„einer von Sahelian betreuten Fangemeinde (...) ,Wundermittels'"

37 ködern
Plagiat
muß partout

C Über Sachtexte schreiben:
Organisations- und Formulierungshilfen

1 a) A
b) U
c) E
d) E
e) U
f) A
g) U
h) A

i) E
j) U
k) A
l) E
m) U
n) A
o) E

2 a) A Wie begründet Wilson
 b) E Vergleichen Sie
 c) U Welche Probleme sehen Sie
 d) A Beschreiben
 E und erklären Sie
 e) U Ihrer Meinung nach
 f) A Beschreiben Sie
 g) E Erläutern Sie die Funktion
 h) U Bewerten Sie
 i) A Erläutern Sie
 j) E Konfrontieren Sie ... mit
 k) U Ihrer Meinung nach

3 U A
 A U
 E E

4 Aufgaben-typ I:	Aufgaben-typ II:	Aufgaben-typ III:
		„Es ist unbestreitbar, daß ..."
	„Vor diesem Hintergrund ..."	
„Der Autor führt aus, daß ..."		
	Zitat	Zitat
indirekte Rede (notwendig)	(möglich)	(möglich)
Zeilenhinweis		
Konjunktiv I und II (oft notwendig)	(möglich)	(möglich)
Paraphrase (sinnvoll)	(möglich)	(möglich)
		Fünfsatz-Argumentation

5 Beispiel für einen dialektischen Aufbau:
Besonders Eltern könnten fordern, daß das Verbot, tagsüber Trailer für nicht jugendfreie Fernsehsendungen auszustrahlen, auch auf Standbild-Werbung für solche Sendungen ausgedehnt werden müsse. Für eine solche klare Regelung spricht, daß eine Gesellschaft unglaubwürdig ist, wenn sie einerseits Kindern und Jugendlichen bestimmte Sendungen vorenthalten will, sie aber zugleich über die

Werbung in diese Sendungen lockt. Dagegen kann man einwenden, daß Jugendliche ab 14 oder 15 Jahren heute vielleicht schon selbst entscheiden können, welche Sendungen sie sich zumuten wollen und welche nicht. Vergleicht man beide Positionen, dann kann man beiden eine gewisse Berechtigung nicht absprechen. So ergibt sich für mich die Schlußfolgerung, daß es eigentlich zwei konsequente Lösungen gibt: Entweder gibt man den Jugendschutz für die fraglichen Filme auf; dann kann auch tagsüber, also zu Zeiten, wenn viele Kinder und Jugendliche vor dem Bildschirm sitzen, Werbung für diese Filme ausgestrahlt werden. Oder man behält den Jugendschutz bei, und dann kann zu Zeiten, in denen eine nennenswerte Anzahl von Kindern und Jugendlichen den Fernseher einschaltet, überhaupt nicht für diese Filme geworben werden. In der Gesellschaft sollte eine Diskussion darüber geführt werden, welcher Weg beschritten werden soll.

6 ① Der Text „TV-Trailer sollen Zuschauer zur Folgesendung rüberziehen" von Dieter Deul, der in der Tageszeitung „Rheinische Post" erschien, befaßt sich mit der Frage, wie und warum TV-Anstalten heute Eigenwerbung betreiben.

② „Wie kommt die Welt in den Kopf?" Diese Frage stellt Andreas Sentker in einem Artikel in der Wochenzeitung „Die Zeit". In seinem Aufsatz informiert der Autor darüber, was Wissenschaftler der verschiedensten Disziplinen heute unter „Bewußtsein" verstehen.

③ In dem Band „Besser in allen Fächern Sachtexte verstehen und verfassen" hat der Autor, Gerd Brenner, Übungen zusammengestellt, mit denen ältere Schülerinnen und Schüler Know-how zur Sachtextanalyse erwerben können.

7 „Leider haben Sie Ihre Gedanken nicht sinnvoll zu einem Aufsatz zusammenfügen können". Solche und ähnliche Bemerkungen finden sich zu Hunderten unter den Klausuren geplagter Schülerinnen und Schüler. Das Zitat macht deutlich, wie wichtig es ist, einen Aufsatz vor dem Niederschreiben gut zu planen und dann für alle Anforderungen an Strukturierung und Gestaltung gewappnet zu sein.

8 Das Thema ist von aktueller Bedeutung. Vor kurzem konnten die Zuschauerinnen und Zuschauer z.B. im Fernsehen sehen, wie die Moderatorin eines Nachrichtenmagazins am Ende ihrer Sendung virtuell an einen anderen Ort versetzt und zu einem Interview mit einem Theaterregisseur zusammengebracht wurde, der über eine Theateraufführung informierte, die anschließend am Ort des Interviews unmittelbar anfing. Dies zeigt, wie wichtig es ist, die Frage zu klären, wann das Trailing im Fernsehen anfängt, den Zuschauer zu bevormunden.

10 ... Welche Ziele verfolgen Sender mit Trailern?
Wie hoch sind die Kosten für diese Form der Eigenwerbung?
An welche rechtlichen Schranken stoßen die Sender mit ihren Trailern?
Wie ist die künstlerische Qualität aktueller Trailer zu bewerten? ...

11 ... Was versteht man heute unter Bewußtsein?
Welche alternativen Begriffe hat es in der Geschichte gegeben?
Gibt es – zumindest in den Naturwissenschaften – eine gemeinsame Ausgangsbasis für die Klärung der Frage, was man unter Bewußtsein zu verstehen hat?
Zu welchen unterschiedlichen Erklärungsversuchen kommt man, wenn man das Phänomen aus der fachlichen Sicht der Biologie, der Chemie oder der Mathematik/Informatik betrachtet?

13 Der zentrale Gegenstand des Textes ist das menschliche „Bewußtsein". Hierunter versteht man ein geistiges Phänomen, das gemeinhin im menschlichen Nervenzentrum, also im Kopf angesiedelt wird. Im Unterschied zur Seele, die materielos gedacht wird, sehen die meisten Wissenschaften das Bewußtsein heute als ein Produkt der Materie an. Von der Kreativität z.b. unterscheidet sich das Bewußtsein dadurch, daß es die Gesamtheit der geistigen Tätigkeiten umfaßt und von Disziplinen wie Biologie, Medizin oder Psychologie gleichermaßen untersucht wird.

14

Gen	Hormon	Keimteile
	Regulationsmittel der Ontogenese (Mittel zur Regelung von Lebensfunktionen)	
Abschnitt im DNA-Molekül von Zellen	meist in Drüsen gebildeter Stoff	z.B. im Zytoplasma der Eizelle vorhandene Stoffe
zur Weitergabe von Erbinformationen	zur Steuerung von Vorgängen wie Befruchtung, Wachstum etc.	zur Steuerung der Keimentwicklung nach festgelegtem Programm
an Nucleinsäure gebunden	in Sekretform	Plasma des Keimes

15 Der Text operiert häufiger mit dem zentralen Begriff des Hormons. Dabei handelt es sich um ein Mittel zur Regulierung von Körperfunktionen. Anders als Gene, die ebenfalls die Ontogenese steuern und die die Körperzellen von Anfang an enthalten, werden Hormone in bestimmten Entwicklungsphasen eines Organismus von Drüsen gebildet und dann in den Körper entsandt. Während Gene der Weitergabe von Erbinformationen dienen, steuern Hormone wichtige Bereiche der Ontogenese wie die Befruchtung oder das Wachstum.

16 **Ein** Trailer ist **ein** Element von Fernsehprogrammen, das für TV-Anstalten eine immer größere Bedeutung gewinnt. In **dem** Text „TV-Trailer sollen Zuschauer zur Folgesendung rüberziehen" stellt Dieter Deul dar, welche Ziele mit Trailern verfolgt werden, welche Kosten für diese Form der Eigenwerbung anzusetzen sind und wo die rechtlichen Grenzen für dieses Programmelement liegen. Schließlich geht es auch um die Frage, wie **der** Trailer im deutschen Fernsehen gestaltet wird.
Der Autor teilt mit, daß **der** Trailer **einen** Vorläufer hatte: **den** Programmhinweis, eine ziemlich langweilige Veranstaltung. Inzwischen hat sich **der** Trailer zu **einer** eigenständigen Kunstform entwickelt. ...

17 Wenn ein Sachverhalt in einem Aufsatz zum erstenmal erwähnt wird, verwendet man den **unbestimmten** Artikel.
Wenn ein Sachverhalt, der schon einmal erwähnt worden ist, erneut aufgegriffen wird, verwendet man den **bestimmten** Artikel.
Bei der Erwähnung von Aufsatz- oder Buchtiteln verwendet man den **bestimmten** Artikel.

19 Der Autor setzt sich in seinem Text kritisch mit dem steil ansteigenden Konsum von Melatonin auseinander, einem Boom, der durch die Medien mitverursacht wurde. In kritischer, z.T. spöttischer Art und Weise informiert der Autor den Leser über das Melatonin-Fieber in den USA im Jahr 1995, das damals freilich auch schon auf Deutschland übergegriffen hatte. Der Text wirft folgende Fragen auf: ...

20 Der Text <u>präsentiert</u> eine Reihe von Informationen zum „TV-Trailer". Zunächst <u>orientiert</u> der Autor den Leser mit Hilfe von Beispielen darüber, was im folgenden zur Sprache kommen wird. Dann <u>geht</u> er auf die mediengeschichtliche Entwicklung <u>ein</u>, die zum Trailer geführt hat, und <u>weist darauf hin</u>, daß der Programmhinweis früherer Jahre ein Vorläufer des Trailers gewesen sei.
Anschließend <u>zählt</u> der Autor eine Reihe von Zielen <u>auf</u>, die mit einem Trailer verfolgt werden können. Er sagt, Trailer sollten das Interesse von Zuschauern an Sendungen des eigenen Programms wecken; außerdem sollten sie das Ab- und Umschalten, also den Verlust von Zuschauern an Konkurrenzsender, vermeiden helfen. Ein weiteres Ziel von Trailern sei es, das Profil von Sendungen zu schärfen.
Im weiteren Fortgang des Textes <u>macht</u> der Autor <u>einige Angaben zu</u> den Kosten von Trailern (zwischen 5.000 und 15.000 DM pro Minute) und zu den rechtlichen Grenzen dieser Form der Eigenwerbung. In diesem Zusammenhang <u>nennt</u> der Autor folgende <u>Sachverhalte</u>: Für Filme, die für Jugendliche unter 16 Jahren nicht freigegeben seien, dürfe tagsüber nicht per Trailer geworben werden. Hier seien nur Standbilder erlaubt. Für Sexfilme dürften tagsüber keine Trailer ausgestrahlt werden.
Im Schlußteil <u>thematisiert</u> der Autor die künstlerische Entwicklung im Trailer-Bereich. Für ihn ist – besonders in den USA – ein Trend hin zu weniger hektischen Trailern erkennbar.

21 | **Verben** | **Substantive (evtl. Redewendungen)** |
|---|---|
| sich auseinandersetzen mit | eine Auseinandersetzung führen mit |
| jdm. etwas vorwerfen | Vorwurf an die Adresse von |
| etwas kritisieren | Kritik üben an |
| jdm. widersprechen | Widerspruch anmelden |
| etw. ablehnen | Ablehnung signalisieren |
| etw. kritisch betrachten | etw. unter die Lupe nehmen |
| etw. bemängeln | seinen Unmut äußern über |
| sich von jdm./etwas distanzieren | auf Distanz gehen zu |
| jdm. entgegentreten | eine Gegenposition beziehen zu jdm. |

22 In dem Text „Wunderdroge aus der Zirbeldrüse" <u>setzt sich</u> Andreas Sentker <u>mit der Frage auseinander</u>, ob das Hormon Melatonin als Heilmittel medizinisch vertreten werden kann. <u>In seinen Augen</u> liegt ein Problem darin, daß dieses Mittel von den US-amerikanischen Medien stark propagiert worden ist, so daß es zu einem Melatonin-Boom kam. Im folgenden <u>stellt</u> der Autor <u>klar</u>, daß die von den Konsumenten vermutete Wirkung (Bewahrung von Schönheit, Jugend und Gesundheit) von Fachleuten und zuständigen Behörden in Deutschland bezweifelt wird. Er <u>informiert</u> anschließend darüber, daß Melatonin ein Produkt der Zirbeldrüse sei, daß es in der frühen Kindheit besonders stark in den Körper ausgeschüttet werde und mit zunehmendem Alter immer weniger zur Verfügung stehe. Tagsüber sei die Produktion erheblich schwächer als nachts. Ähnliche Dunkelheitsmelder fänden sich auch bei Tieren und Pflanzen. Der Autor <u>kritisiert</u>, daß es immer wieder zu Mystifizierungen der Zirbeldrüse gekommen sei. Auch heute gebe es wieder ein spekulatives Interesse an dieser Drüse und ihren Produkten. Der Autor schließt mit <u>Vorwürfen an die Adresse</u> einiger amerikanischer Wissenschaftler, die das Melatonin propagierten. Er schlägt sich in seinem Artikel auf die Seite der Kritiker des Geschäfts mit dem Melatonin. Sentker möchte die Leserinnen und Leser seines Aufsatzes <u>dazu bewegen</u>, sich kritisch von dem Boom zu distanzieren.

23 Sentkers Text beginnt mit einer anschaulichen Personenvorstellung. Vorgeführt wird der Hirnforscher Christof Koch, und zwar in der Stadt der Dichter und Denker Hegel und Hölderlin: in Tübingen. Damit ist die historische Dimension des Themas „Bewußtseinsforschung" angelegt, die im Fortgang des Textes noch weiter entfaltet werden wird. Anschließend stellt der Autor seine zentrale These vor: Die Bewußtseinsforscher seien untereinander darüber zerstritten, was unter ihrem Forschungsgegenstand zu verstehen sei. Kontrastierend benennt er dann eine zweite These, daß nämlich fast alle Bewußtseinsforscher in einem Punkt eine gemeinsame Position einnähmen (Bewußtsein als Produkt der Materie). Im umfangreichen Hauptteil des Textes führt er dann Belege für seine erste These an; dabei verfährt er reihend. Nacheinander werden Positionen von Wissenschaftlern mitgeteilt, die alle unterschiedliche Erklärungsansätze für das Bewußtsein entwickelt haben. Er unterstreicht den Geltungsanspruch seiner These also mit einer ganzen Reihe von Beispielen. Die Zitate, die er dabei verwendet, können als Autoritätsargumente angesehen werden. Der Autor verwendet in seinem Text einige explizit logische Verknüpfungen; mit Wörtern wie „So ... folgerichtig" (Z. 81 f.), „Genauso" (Z. 117), „dagegen" (Z. 164), „So" (Z. 182), „Doch obwohl" (Z. 205) und „gerade deshalb" (Z. 207) legt er die logische Struktur seiner Ausführungen offen. Mit einigen Vergleichen (vgl. Z. 38 ff., Z. 86, Z. 138 ff.) macht der Autor Sachverhalte anschaulich. Insgesamt weist der Text eine rationale Argumentationsstruktur auf.

24 a) relative Zahlen
    b) absolute Zahlen

26 Das Diagramm vergegenwärtigt eine Typologisierung deutscher Studenten, die auf einer Untersuchung im Jahr 1995 beruht. Danach gibt es zwei fast gleich große Gruppen von Studenten: die Engagierten und die Apolitischen. Allerdings ist die Gruppe der Engagierten mit 43 % etwas größer als die der Apolitischen (39 %). Als kleinste Gruppe wird mit 18 % die der Frustrierten ausgewiesen.

27 Beispiel a): Das Balken-Diagramm stellt dar, wie viele Telefonhauptanschlüsse je 1000 Einwohner 1994 in einigen ausgewählten Industriestaaten existierten. In relativen Zahlen wird angegeben, wie viele Anschlüsse in Schweden, den USA, Frankreich, den Niederlanden, Japan, Deutschland, Italien, der Tschechischen Republik und in Rußland vorhanden waren.

Beispiel b): Das Säulen-Diagramm stellt dar, wie viele Ärzte im Jahr 1994 in verschiedenen Bereichen arbeiteten. Dazu werden absolute Zahlen angegeben.

Beispiel d): Das Kreis-Diagramm macht deutlich, inwieweit deutsche Studenten sich 1995 für gesellschaftliche Belange einsetzten. Die Angaben werden in Prozent gemacht.

28 Beispiel e): Das Diagramm zeigt zwei Kurven, mit denen die Entwicklung der Erwerbstätigenzahlen in West- und in Ostdeutschland dargestellt wird. Der x-Achse kann man entnehmen, daß der Zeitraum von 1991 bis 1995 dargestellt wird, wobei es sich bei den Zahlen von 1991 bis 1994 um statistisch ermittelte absolute Zahlen (in Millionen) und bei den Angaben für 1995 um geschätzte absolute Zahlen (in Millionen) handelt. Die y-Achse ist unterbrochen; dadurch ist der Bereich von etwa 8 Millionen bis zu 28 Millionen ausgespart.

Beispiel f): Das Kurvendiagramm zeigt den Anteil der Getreidearten Weizen/Gerste, Roggen/Hafer und Mais an der Ackerfläche der Bundesrepublik Deutschland in relativen Zahlen. Der x-Achse ist zu entnehmen, daß die Entwicklung von 1960 bis 1980 graphisch umgesetzt wurde. Auf der y-Achse ist ablesbar, welchen Prozentanteil an der gesamten Ackerfläche die genannten Getreidearten in diesem Zeitraum einnahmen.

29 Beispiel e): Das Kurven-Diagramm zeigt, wie sich die Zahlen der Erwerbstätigen zwischen 1991 und 1995 in Westdeutschland und in Ostdeutschland entwickelt haben. Für beide Bereiche enthält das Diagramm eine gesonderte Kurve, die absolute Zahlen angibt.
Für West- und Ostdeutschland zeigt das Diagramm jeweils eine Trendwende. In Westdeutschland liegt sie im Jahr 1992; ab da zeigt die Kurve nach unten. In Ostdeutschland gab es im Jahr 1993 eine Trendwende nach oben. In Westdeutschland liegt der Höhepunkt der Entwicklung im Jahr 1992, in dem 29,5 Mio. Erwerbstätige registriert wurden. Für das Jahr 1995 wird mit 28,5 Mio. der Tiefpunkt angegeben. In Ostdeutschland fallen Hoch- und Tiefpunkt in andere Jahre: In dem angegebenen Zeitraum war das erste Jahr, nämlich 1991, mit 7,3 Mio. Erwerbstätigen das Spitzenjahr. Der Tiefpunkt war 1993 mit 6,2 Mio. Erwerbstätigen erreicht.
Für Ostdeutschland ist der Kurvenverlauf von 1991 auf 1992 erheblich steiler als in allen anderen angegebenen Zeitabschnitten. Bezogen auf die absoluten Zahlen sind die Veränderungen in Westdeuschland relativ gering. Die Kurve für Ostdeutschland weist dagegen gravierendere Umbrüche aus. Zwischen 1991 und 1992, also in einem Jahr, sind nämlich etwa 12 % der Arbeitsplätze verlorengegangen. In den folgenden Jahren waren nur relativ geringe Verluste und Zugewinne zu verzeichnen, so daß 1995 wieder der Stand des Jahres 1992 erreicht war. Der letzte erkennbare Trend ist, daß die Zahl der Erwerbstätigen in Westdeutschland weiter abnimmt und in Ostdeutschland leicht ansteigt.

Beispiel c): Das Band-Diagramm läßt erkennen, inwiefern deutsche Studenten des Jahres 1995 sich gesellschaftlich engagierten. Die Angaben werden in Prozent gemacht. Das Diagramm zeigt, daß die angegebenen Grundstimmungen bei den deutschen Studenten ungleich verteilt sind. Allerdings liegen zwei Gruppen, nämlich die der Engagierten und die der Apolitischen, fast gleichauf. Spitzenreiter sind mit 43 % die Engagierten. Am wenigsten vertreten sind die Frustrierten; sie kommen auf einen Anteil von 18 %.

30 (Einleitung vgl. oben) Das Diagramm zeigt keinerlei Trendwende, sondern insgesamt kontinuierliche Kurvenverläufe. Der Höhepunkt der Weizen- und Gerste-Produktion liegt am Ende des erfaßten Zeitraumes, also im Jahr 1980. Hier wurden fast 50 % der Ackerfläche erreicht, während es zu Beginn des erfaßten Zeitraumes weniger als 30 % waren. Die Kurve für Roggen und Hafer ist kontinuierlich fallend. Während der Roggen- und Hafer-Anbau 1960 noch über 30 % der Ackerfläche in Anspruch nahm, waren es 1980 nur noch etwa 20 %. Die Maisproduktion stieg kontinuierlich an; die dazu benötigte Ackerfläche war 1960 kaum nennenswert; 1980 lag sie bereits bei über 10 %. Betrachtet man den Steilheitsgrad der Kurven, so kann man feststellen, daß der Weizen- und Gerste-Anbau am stärksten zunimmt. Kurz nach 1960 kreuzen sich die Kurven für Roggen/Hafer und Weizen/Gerste. Die Abstände zwischen Weizen/Gerste und Roggen/Hafer nehmen deutlich zu, während der Abstand zwischen Roggen/Hafer und Mais stark abnimmt. Der letzte erkennbare Trend ist, daß Weizen und Gerste zum absolut dominierenden Getreide werden und daß Mais den Roggen bzw. den Hafer überholen könnte.

31 Die beiden Karten <u>befassen sich mit</u> mundartlichen Bezeichnungsunterschieden. <u>Gezeigt wird das an</u> den Bezeichnungen für die hochsprachlichen Wörter „Junge" und „Mädchen". Die Karten <u>beziehen sich auf</u> deutschsprachige Mundarten, wie sie in Deutschland, Österreich und in der Schweiz vertreten sind.

32 Der ersten Karte <u>kann man entnehmen</u>, daß es für „Junge" in den verschiedenen deutschen Dialekten insgesamt folgende unterschiedliche Bezeichnungen gab: Junge, Bua, Bengel, Kerle. Geringfügige Abweichungen bleiben hier außer Betracht. Die weiteste Verbreitung weisen die beiden Bezeichungen „Bua" und „Junge" auf. Ein nur geringes Verbreitungsgebiet <u>ist</u> für die Bezeichnungen „Bengel" und „Kerle" <u>ausgewiesen</u>. <u>Betrachtet man</u> die geographische Verteilung, <u>so ergibt sich</u>, daß „Junge" im norddeutschen und „Bua" im süddeutschen Sprachgebiet verbreitet ist. <u>Auffällig ist</u> die geographische Verteilung der beiden ähnlich klingenden Bezeichnungen „Jong" und „Jung", deren Konsonanten übereinstimmen. Ihre Verbreitungsgebiete ziehen sich von Westdeutschland (Nordrhein-Westfalen) bis zur Saale (Thüringen). Dabei ist „Jung" eher im nördlichen Teil dieses Verbreitungsgebiets vertreten, „Jong" eher im südlichen.

33 Die zweite Karte informiert über mundartliche Bezeichnungen für „Mädchen" in Deutschland, Österreich und der Schweiz. Insgesamt gibt es in den behandelten Mundarten folgende Wörter, deren dialektale Abwandlungen hier unberücksichtigt bleiben: Mädchen/Mädle/Mensch, Deern und Diandl. In über der Hälfte des Sprachgebietes wird die Bezeichnung „Mädchen" mit vielerlei Abwandlungen verwendet. Diese Verbreitungszone zieht sich in einem breiten Streifen vom Nordosten zum Südwesten des deutschen Sprachgebietes. Im Südosten ist „Diandl" und im Nordwesten „Deern" verbreitet. Alle anderen Bezeichnungen sind nur in ganz kleinen Gebieten anzutreffen.

34 Die unterschiedlich großen Halbkreise stehen für das Außenhandelsvolumen der EG-Staaten des Jahres 1985. Die linken Halbkreise stellen die Einfuhr dar, die rechten die Ausfuhr. Die hellen Kreissegmente stehen für die Handelsströme mit den damaligen EG-Staaten, die dunklen Segmente für den Handel mit sonstigen Staaten.

35 Das Kartogramm <u>stellt</u> das Außenhandelsvolumen der EG-Staaten im Jahr 1985 <u>dar</u>. Dabei <u>wird unterschieden zwischen</u> Einfuhr und Ausfuhr, wobei in beiden Bereichen <u>weiter differenziert wird</u>: Die oberen, hellen Teile der für Aus- und Einfuhr stehenden Halbkreise <u>repräsentieren</u> die Handelsströme mit anderen EG-Staaten, die unteren, dunklen Teile <u>symbolisieren</u> den Handel mit anderen Staaten. <u>Betrachtet man</u> die Größe der Kreise, so <u>lassen sich</u> dem Kartogramm <u>folgende Aussagen entnehmen</u>: Die größte Außenhandelsnation in der damaligen EG war Deutschland. <u>Zu einer mittleren Gruppe gehörten</u> Großbritannien, Frankreich, Italien und die Niederlande. <u>Eine Gruppe kleiner</u> Handelsnationen stellten

Belgien/Luxemburg, Dänemark, Spanien, Griechenland, Irland und Portugal dar. Das Kartogramm gibt auch Auskunft über das Verhältnis von Ein- und Ausfuhr in jedem einzelnen Land. Hier zeigt sich, daß Deutschland und die Niederlande mehr in andere EG-Staaten exportiert haben, als sie von dort eingeführt haben. Im EG-internen Handel deutlich mehr eingeführt als ausgeführt haben Griechenland, Spanien und Portugal. Bei den übrigen Staaten sind die Unterschiede nicht besonders groß. Das Kartogramm ermöglicht auch Aussagen darüber, wie stark die Wirtschaften der einzelnen Länder 1985 mit der EG verflochten waren: Am intensivsten ist die Verflechtung bei Belgien/Luxemburg, den Niederlanden und Frankreich. Deutschland, das etwa die Hälfte des Handels mit anderen Staaten abwickelte, befindet sich in einer Mittelgruppe. Über den Außenhandel weniger stark mit den EG-Staaten verflochten war 1985 insbesondere Spanien.

37 Zustimmung
Meiner Meinung nach kann man die zentrale These des Autors, daß ... , (voll) unterstützen; denn ...
Die Positionen der Autorin treffen auf meine volle Zustimmung.
Für mich ist die Argumentation des Autors sehr plausibel. Besonders überzeugend finde ich die Ausführungen zu ...

38 Begrenzte Zustimmung
Zunächst kann man der Verfasserin zustimmen, wenn sie behauptet, daß ... ; denn ... Allerdings sollte man in diesem Zusammenhang nicht vergessen, daß ...
Einerseits hat der Verfasser sicher recht, wenn er betont, daß ... Aber man sollte wohl auch bedenken, daß ...
Die These des Verfassers, daß ... , ist sicherlich insgesamt plausibel. Die Tatsache, daß ... , wird in den Ausführungen der Autorin jedoch zu wenig berücksichtigt.
Zwar hat die Autorin sicherlich recht, wenn sie erklärt, ... Das Problem müßte jedoch auch in einem größeren Zusammenhang betrachtet werden: ...

39 Ablehnung
Alles in allem scheinen mir die Positionen des Autors unhaltbar zu sein.
Die zentralen Thesen der Autorin scheinen mir zu wenig begründet zu sein. Zum Beispiel ist nicht einsichtig, wieso ...

40 Begrenzte Ablehnung
Zwar hat die Autorin sicherlich recht, wenn sie annimmt, daß ... Insgesamt aber sind die Positionen der Autorin doch ziemlich fragwürdig.
Auch wenn die Position des Autors, daß ... , sicherlich richtig ist, so gilt es doch festzuhalten: ...
Natürlich kann man dem Autor nicht widersprechen, wenn er feststellt, ... Aber das rechtfertigt noch nicht die Annahme, daß ...

41 Beispiel für eine begrenzt zustimmende Stellungnahme:
Einerseits hat der Verfasser sicher recht, wenn er nahelegt, daß man bei Heilmitteln mit ungeklärter Wirksamkeit vorsichtig sein sollte. Aber man sollte wohl auch bedenken, daß es gegen viele unangenehme körperliche Prozesse (z.B. Alterung) bisher keine anerkannt wirksamen Mittel gibt, so daß ein gewisses Experimentierverhalten von Bürgerinnen und Bürgern verständlich ist. Allerdings sollte man dabei berücksichtigen, daß der Schaden nicht größer ist als der Nutzen; und das scheint bei Melatonin nicht geklärt zu sein. Außerdem ist die These des Verfassers,

daß manche mit den gesundheitlichen Sorgen anderer Menschen gerne Geschäfte machen, plausibel begründet. Und deshalb ist die kritische Darstellung des Melatonin-Booms insgesamt gerechtfertigt.

53 Beispiel: Das Diagramm kann erklären helfen, warum Westdeutsche mit Ressentiments auf Ostdeutsche reagieren. Machen die Kurven nicht klar, daß westdeutsche Arbeitsplätze zugunsten von ostdeutschen geopfert werden müssen? Unberücksichtigt bleibt bei einer solchen Sichtweise allerdings, daß es in Ostdeutschland schon dramatische Einbrüche gab, während – oder weil (?) – es im Westen noch aufwärts ging.

54 Beispiel: Meiner Meinung nach sollte jeder, der für teures Geld ein Wundermittel anpreist, dessen Wirksamkeit nachweisen müssen.

55 <u>Anfangs</u> sagt er ... / Der Autor <u>eröffnet seinen Aufsatz mit</u> ...
Der Autor <u>schließt</u> eine These zu ... <u>an</u> ...
Die Autorin <u>fährt fort mit</u> ...
Der Autor <u>formuliert nun</u> ...
Im nächsten Abschnitt <u>entfaltet</u> der Autor den Sachverhalt <u>weiter</u>, indem ...
<u>Gegen Ende</u> des Textes <u>fügt</u> die Autorin ihren Überlegungen den <u>Gedanken hinzu</u>, daß ...
<u>Als letzten Aspekt</u> thematisiert die Autorin ...

56

obwohl	dennoch/trotzdem
während	zugleich
damit	dafür/dazu
nachdem	danach/dann
so daß	folglich
da/weil	denn/deshalb/deswegen/daher/darum/dadurch
indem	dabei
bevor/ehe	vorher/davor

57

Es geht um:	Sie verwenden:		Die logische Verknüpfung ist:
	Unterordnende Konjunktion	**Nebenordnendes Bindewort**	
<u>den Grund</u>	weil/da	denn/davon/deshalb/ deswegen/daher/ darum/dadurch	<u>kausal</u>
<u>den Zweck</u>	damit	dafür/dazu	<u>final</u>
<u>die Bedingung</u>	wenn/falls	—	<u>konditional</u>
<u>das Ziel</u>	damit	so	<u>final</u>
<u>die Folge o. Konsequenz</u>	so daß	folglich/so/also	<u>konsekutiv</u>

die Art und Weise	indem	dabei	modal
eine Einräumung bzw. ein Zuge- ständnis	obwohl	doch/trotzdem/ aber	konzessiv
die Zeit	während bevor/ehe nachdem	zugleich vorher/davor dann/danach/ nachher	temporal

(Bitte beachten Sie: rechteckige Kästen stehen hier für „Einkreisungen", punktierte Linien stehen hier für „Unterschlängelungen")

58 Der Junge weint, weil er sich am Knie verletzt hat .
60 Der Junge weint; denn er hat sich am Knie verletzt .
Der Junge hat sich am Knie verletzt. Deshalb weint er.

59 Wir sind froh; denn wir haben es hinter uns.
60 Weil wir es hinter uns haben , sind wir froh.
Wir haben es hinter uns. Deswegen sind wir froh.
Wir haben es hinter uns. Trotzdem sind wir froh.
Obwohl wir es hinter uns haben , sind wir froh.

62 Er weint, weil er sich am Knie verletzt hat .
Der Urlaub war vorbei. Trotzdem hatten sie gute Laune.

63 ① hervorheben
Noch wichtiger ist, daß die Autorin ...
Besonders hinzuweisen ist auch auf ...
Bemerkenswert ist auch die Äußerung in Zeile ...
Vor allem interessiert ihn, wie ...
Schließlich ist auch noch die Frage von Bedeutung, wie ...
② einschränken
Bedingung dafür ist allerdings, daß ...
Allerdings kann man nur dann davon ausgehen, wenn ...
③ Ansichten/Meinungen zuordnen
Nach Ansicht von A. Sentker ist ...
Andreas Sentker geht davon aus, daß ...
④ Begriffe klären
Hier ist offensichtlich gemeint, daß ...
In diesem Fall wird unter den Begriff der Psyche folgendes gefaßt: ...
⑤ Beispiele anführen
Ein weiterer Hinweis ergibt sich aus Zeile ...
Die Autorin führt hierzu das Beispiel der ... an.
Der Autor verdeutlicht seine Position mit Hilfe eines Beispiels. In den Zeilen ...
⑥ Ergebnisse zusammenfassen
Aus all diesen Überlegungen ergibt sich mit einiger Schlüssigkeit, daß ...
Alles in allem läßt sich festhalten, daß ...

64 Das Wort „durch".

65 ... so wie sie eventuell in Filmen deutlich wird.

66 ... wenn man in Filmen sieht, wie die Juden vernichtet wurden.

67 Die Ebenen 3 und 4.

68 Der Sachverhalt ist komplizierter, als Sie ihn darstellen. Sie haben den Gedanken verkürzt und dabei verschiedene Ebenen miteinander verwechselt. Konservativ sind nicht Veranlagungen, die vererbt werden können. Für konservativ halten Pädagogen die Ansicht, daß prinzipiell Veranlagungen vererbt werden.

69 Logisches Schema:

	Abweichendes Verhalten		Ebene 1
Ursachen dafür:	Vererbung	soziale Prägung	Ebene 2
nach An- gaben von:	Biologen	anderen Wissenschaftlern	Ebene 3
Wertung durch Pädagogen:	Diese Sichtweise ist konservativ.	Diese Sichtweise ist progressiv.	Ebene 4

70 „er"

71 Clever und Smart wollen einen Stein aus einer Mauer ziehen. Sie verankern ein Seil an dem Stein und binden es an ein Motorrad, das von Clever gefahren wird.

Smart sitzt hinten auf dem zweiten Sitz und verspricht, Bescheid zu sagen, wenn er sich lockert.

72 ... Bescheid zu sagen, wenn der Stein sich lockert.

73 „als"

74 Lösung b.

75 ① Dieser Historiker stellt den Außenpolitiker Willy Brandt als sehr bedeutend dar.
② In dieser Graphik werden die Exportströme in die Nachbarländer als sehr unter schiedliche abgebildet.
③ Der Aufsatz kennzeichnet das Hormon Melatonin als problematisch.

77 Für das 1. Bild richtig: hin.
Für das 2. Bild richtig: hin.
Für das 3. Bild richtig: heraus.

78 ①　　　　　　　　　　　　　　　　　③

②

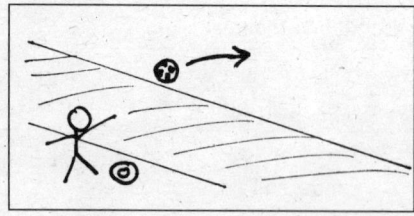

79 ① ... Pläne <u>zum</u> Abzug aus dem ehemaligen Jugoslawien ...
　② ... zwei hauptsächliche <u>Arten des Umgangs mit</u> dieser Schwierigkeit ...
　③ Er ist der <u>Besitzer eines dreistöckigen Hauses.</u>
　④ ... indem er <u>ihn</u> jeden Tag bis spät am Abend <u>arbeiten läßt</u>.
　⑤ ... eine sehr <u>unterschiedliche</u> Bedeutung ...
　⑥ ... eher abstoßend als anziehend.
　⑦ Die <u>Ereignisse, die im Buch Moses mitgeteilt werden</u>, spielen sich im Nahen
　　Osten ab.
　⑧ ... einen Zettel, <u>auf dem</u> steht, daß ...
　⑨ H. stellt das Leben bewußt <u>als</u> etwas Sinnloses dar.

80 Formulierung I:　　eine große Bedeutung haben
　　Formulierung II:　　wichtig sein

81 Möglichkeit I:　　Die Bedeutung der Zwillingsforschung ist meiner Meinung nach
　　　　　　　　　　　sehr groß.
　　Möglichkeit II:　　Die Zwillingsforschung ist meiner Meinung nach sehr wichtig.

82 ① unterschiedlich
　② anders als
　③ anders
　④ unterschiedliche
　⑤ unterschiedlich

83 ① in der
   ② wo
   ③ zu der
   ④ wohin
   ⑤ in der

84 ① Er erfreut sich <u>an allem</u>.
   ② Äußerungen ... <u>zu der</u> Situation
   ③ ... Abneigung <u>gegen seinen</u> Umzug ...
   ④ Ein Vergleich <u>zwischen</u> Spanien und Frankreich ...
   ⑤ ... Unzufriedenheit <u>mit der Regierung</u> ...
   ⑥ ... Ahnung <u>von den</u> politischen Folgen.
   ⑦ Er freut sich <u>über den</u> Sieg.
   ⑧ ... <u>auf die</u> Entwicklung ... anwenden.

85 gerecht gegen   Überfluß an
    gewöhnt an   Zugang zu
    vertraut mit   Bedürfnis nach
    inspiriert von   Bedarf an
    geeignet für   Appetit auf
    grausam gegen   Ähnlichkeit mit
    bedacht auf   Anzeichen für
    gerecht gegen   Anspruch auf
    erstaunt über   Respekt vor
    anspielen auf   Konsequenz aus
    ableiten aus   Bewerber um/ für
    überzeugen von   Übereinstimmung mit
    reduzieren auf   Analogie zu
    resultieren in   Appell an/zu
    spekulieren auf   Patent auf/für
    sich spezialisieren auf   Professor in/für
    provozieren zu
    profitieren von

86 ① Aufgrund seines Sendungsbewußtseins ...
   ② Im Zusammenhang mit der schlechten Beziehung zwischen ...
   ③ Aufgrund ihrer Toleranz und Offenheit ...
   ④ Ihrer Intelligenz wegen ...

87 rationell: a. und c.   rational: b.
    formell: b. und c.   formal: a.
    psychisch: a. und c.   psychologisch: b.
    sozial: a. und c.   soziologisch: b.

88 ① rationell   ② rational   ③ rationelle
   ④ formale   ⑤ formelle   ⑥ formell
   ⑦ psychische   ⑧ psychische
   ⑨ soziologische   ⑩ sozialen

89 Es handelt sich um „also" bzw. „irgendwie".

① ~~Also~~ die Schule hat er immer gehaßt. Er hatte immer Angst vor einigen Lehrern, und seine Noten waren oft miserabel. Also gab es bei ihm zu Hause öfters heftige Auseinandersetzungen. Der Vater war so veranlagt, daß er ~~also~~ immer eine Tracht Prügel erwarten mußte.

② In der siebten Klasse war er es ~~irgendwie~~ leid, immer nur als Streber angesehen zu werden. Er schloß sich einer Gruppe von Schülern an, die im Unterricht nicht sehr aufmerksam waren. Dadurch stieg sein Ansehen in der Klasse ~~irgendwie~~. Aber seine Leistungskurve zeigte dann ~~irgendwie~~ nach unten. Während er in den ersten Schuljahren einen Notenduchschnitt von 2 gehabt hatte, lag er jetzt bei 3 bis 4. Irgendwie - die genauen Gründe werden in dem Text nicht mitgeteilt - ist es ihm dann im zehnten Schuljahr gelungen, seine Leistungen wieder zu verbessern und dabei sein hohes Ansehen in der Klasse zu behalten.

90 ① Nachdem die Flächenstillegung eingeführt worden war, verkleinerte sich die Anbaufläche für Getreide; dadurch ging die Produktion zurück.

② Da die Eltern das Kind streng erzogen hatten, zeigte es Autoritätspersonen gegenüber später vorauseilenden Gehorsam.

③ Nachdem Bismarck den Krieg mit Frankreich dazu genutzt hatte, den äußeren Feind zu schwächen, versuchte er ähnliches auch innerhalb des preußischen Staates: Mit Hilfe von Sozialgesetzen versuchte er, die Industriearbeiterschaft unter Kontrolle zu bekommen; denn sie war diejenige Kraft, welche die herrschende Schicht hätte bedrohen können.

④ Wenn Hühner in Tausenden übereinandergestapelter Legebatterien gehalten werden, haben die Hennen nur sehr wenig Bewegungsfreiheit.

91 Es ist notwendig, daß wir mit den Bächen und Flüssen beginnen, wenn von den
92 Problemen des Meeres geredet werden soll. Daß die Nordsee nicht mehr intakt ist, liegt am Umgang des Menschen mit den Flüssen. Die Elbe z.B. ist eine Autobahn für Schadstoffe, weil Schwermetalle und Kohlenwasserstoffe in sie eingeleitet werden. „Obwohl wir in der Nordsee demnächst nur noch im Neopren-Anzug baden können, tut sich zu wenig", sagt ein enttäuschter Biologe. Auch in der Verkehrspolitik habe sich nur wenig geändert, obwohl immer mehr Menschen morgens im Stau stünden. Demnächst würden wir erst dann spazierengehen können, wenn wir neben dem Regenmantel auch eine Gasmaske vom Haken genommen hätten. Dies ist, auch wenn sie durch einige Untersuchungen gestützt wird, eine sehr pessimistische Sicht. Unsere Politiker führen, wenn man ihnen Glauben schenken darf, laufend zähe Verhandlungen, damit sich die Situation in den nächsten Jahren bessert.

93 Während die Niederländer den Großteil ihres Trinkwassers aus dem Rhein beziehen müssen, werden in Deutschland 70 % aus dem Grundwasser gewonnen. Dies ist prinzipiell von großem Vorteil, weil die Oberflächengewässer in einem noch schlechteren Zustand als das Grundwasser sind, so daß die Holländer mit großen Problemen zu kämpfen haben. Aber die Belastung des Grundwassers nimmt ebenfalls zu, weil viele Landwirte umweltschädlich verhalten. Viel Nitrat gelangt ins Grundwasser, nachdem es aus überdüngten Ackerflächen ausgespült worden ist. Weil mit Mineraldünger besonders hohe Erträge erwirtschaftet werden können, sind Wein- und Gemüseanbaugebiete besonders davon betroffen. Die Situation relativiert sich jedoch, wenn man sie international betrachtet. Während holländische

Landwirte Anfang der achtziger Jahre 240 Kilo Nitrat je Hektar auftrugen, waren es in Westdeutschland immerhin nur 113. Wenn man aber weiß, daß in der Schweiz nur 30 Kilo verwendet wurden, dann muß man zu dem Schluß kommen, daß auch hierzulande wohl zu viel gedüngt wird.

94 Die Trinkwasserkommission beim Bundesgesundheitsamt findet die Langzeitfolgen, die sich aus dem Nitrateintrag der Landwirtschaft ergeben, ebenfalls besorgniserregend. Obwohl der EU-Wert für gesundheitsschädliche Nitratkonzentrationen im Trinkwasser deutlich über demjenigen liegt, den die US-amerikanischen Behörden festgesetzt haben, wird die Lage in einigen Gebieten kritisch. Inzwischen sind sich viele Politiker einig, daß Stickstoffdünger zukünftig in Grundwasser-Schutzzonen begrenzt werden muß, selbst wenn Landwirte wirtschaftliche Nachteile erleiden. Bauern, die auf ökologischen Anbau umgestellt haben, sind hier im Vorteil, weil die Kunden, denen sie ihre Produkte verkaufen, eine überdüngende Produktion ebenfalls ablehnen und nicht protestieren, wenn sie für Waren aus umweltschonender Produktion höhere Preise zahlen müssen.

95 ① Typ I
② Typ II
③ Typ III
④ Typ I
⑤ Typ II
⑥ Typ II

96 Typ I: direkte Aussage/Rede, Indikativ
Typ II: indirekte Rede, Konjunktiv, Paraphrase/Umschreibung
Typ III: Zitat, direkte Aussage/Rede, Indikativ, Anführungszeichen/-striche

97 Die Regierung betreibe eine offizielle Vertuschungskampagne, welche die Existenz einer Bedrohung verleugne und alle, die in den letzten Monaten erhebliche Gefahren gesehen hätten, der Lächerlichkeit preisgäbe. Natürlich gehe es um hohe Politik. An warmen Sonnentagen sehe man das Problem mit bloßen Augen, wenn man über die Feldmauern schaue, die die engen Straßen auf dem Land wie Labyrinthgänge einschlössen. Befragte Wissenschaftler hätten erklärt, daß man die Schäden nicht mit Sicherheit beweisen könne. Vertreter des Bauernverbandes hätten erklärt, es bestehe gar kein Zweifel, daß eine Schädigung vorliege.

98 Das Parlament habe versucht, die Katholiken von Staatsämtern fernzuhalten. Schließlich sei ein Ausgleich zwischen Krone und Parlament hergestellt worden. Die Legislative müsse nach öffentlich bekanntgemachten, festen Gesetzen regieren. Es dürfe nur ein Maß für Reich und Arm geben. Die Regierung könne ihre Gewalt nicht auf irgendeinen anderen übertragen. So lange die Regierung bestehe, sei die Legislative die höchste Gewalt.

99 ① Im 17. Jahrhundert habe sich das Parlament gegen Versuche des Königs, absolutistisch zu regieren, erfolgreich durchsetzen können.
② Nach der Hinrichtung Karls I. sei England für elf Jahre zur Republik geworden.

100 Am Ende des 17. Jahrhunderts hätten sich die Bürger zur führenden politischen Kraft entwickelt. Die Kolonien hätten den Kaufleuten ein weites Betätigungsfeld geboten. Überall im Land hätten sich große Kapitalien angesammelt. Der Unterneh-

mergeist der Kaufleute sei zu einem wichtigen Faktor der Politik geworden. Innerhalb des Landes seien die zahlreichen Herrschaftsgrenzen gefallen. Die Kaufleute
hätten erklärt, daß sie auf den Weltmeeren keine Schlagbäume fänden; dann müßten sie auch in England fallen.

102 ① Sentker teilt mit: „Für den Psychologen Ernst Pöppel ist das Leib-Seele-Problem
eher ein Fall für die Linguistik als für die Hirnforschung" (Z. 25 ff.).
② Außerdem zitiert er den Oxforder Neurophysiologen Colin Blakemore mit der
Feststellung: „Je mehr wir über das Gehirn wissen, um so bedeutungsloser wird
es - ein Phänomen, das sich gleichsam verflüchtigt" (Z. 34 ff.).

103 ① Nach Pöppel ist das Leib-Seele-Problem eher ein Fall für die Linguistik als für die
Hirnforschung (vgl. Z. 25 ff.).
② Blakemore geht davon aus, daß das Gehirn um so bedeutungsloser wird, je mehr
wir über es wissen. Ihm zufolge ist es ein Phänomen, das sich gleichsam verflüchtigt (vgl. Z. 34 ff.).

104 ① Nach Pöppel sei das Leib-Seele-Problem eher ein Fall für die Linguistik als für
die Hirnforschung (vgl. Z. 25 ff.).
② Blakemore gehe davon aus, daß das Gehirn um so bedeutungsloser werde, je
mehr wir über es wüßten. Es sei ein Phänomen, das sich gleichsam verflüchtige
(vgl. Z. 34 ff.).

105 ① Wenn man ein Wort oder mehrere Wörter aus einem Zitat wegläßt, dann muß
man dies durch drei Punkte kenntlich machen. Die Punkte werden in Klammern
gesetzt.
② Wenn man in ein Zitat ein Wort einfügt, das dort zunächst nicht gestanden hat,
dann wird dieses in Klammern gesetzt.

106 ① Sentker referiert, daß nach Edelman der „darwinistische Kampf ums neuronale
Überleben (...) im Kortex, der Großhirnrinde" stattfinde (Z. 126 ff.).
② Edelman vertrete außerdem die These, daß die „Reize der Außenwelt (...) die
Zahl der Verbindungen und ihre Stärke wachsen" lasse (Z. 128 ff.).
③ Sentker bemerkt dazu, daß sich Edelman damit „als Nachfolger des griechischen
Philosophen Empedokles" sehe (Z. 112).

107 Beispiele:
① „Christof Koch vergleicht das neuronale Theater mit den Lichtern an einem Weihnachtsbaum", heißt es bei Sentker (Z. 138 ff.).
② Der Autor fragt: „Wo ist im Gewirr der Signale das Bewußtsein verborgen?" (Z.
153 f.).
③ „Für Christof Koch", so Sentker, „steckt es in dem raumzeitlichen Muster der neuronalen Aktivitäten" (Z. 154 ff.).
④ Weiterhin heißt es in seinem Text: „Andere Forscher haben dagegen ihre Probleme damit, etwas so Unvorhersehbares wie den Geist in einer Welt zu entdecken, die von feststehenden physikalischen Gesetzen beherrscht wird" (Z. 163
ff.).

108 ① Christof Koch vergleiche das neuronale Theater mit den Lichtern an einem Weihnachtsbaum (vgl. Z. 138 ff.).

② Der Autor fragt, wo im Gewirr der Signale das Bewußtsein verborgen sei (vgl. Z. 153 f.).

③ Für Christof Koch stecke es in dem raumzeitlichen Muster der neuronalen Aktivitäten (vgl. Z. 154 ff.).

④ Andere Forscher hätten dagegen ihre Probleme damit, etwas so Unvorhersehbares wie den Geist in einer Welt zu entdecken, die von feststehenden physikalischen Gesetzen beherrscht werde (vgl. Z. 163 ff.).

© 1996 Cornelsen Verlag Scriptor GmbH & Co. KG, Berlin
Das Werk und seine Teile sind urheberrechtlich geschützt. Jede Verwertung in anderen als den gesetzlich zugelassenen Fällen bedarf der vorherigen schriftlichen Einwilligung des Verlags.
Satz: Kristiane Klas, Frankfurt am Main
Druck und Bindearbeiten: Druckerei Gutmann GmbH, Talheim
Printed in Germany
ISBN 3-589-21085-0
Bestellnummer 210850

BESSER IN ALLEN FÄCHERN

Sachtexte verstehen und verfassen

Oberstufe

von Gerd Brenner

Cornelsen
SCRIPTOR

Parallel zu diesem Buch gibt es bei uns das Trainingsprogramm „Besser in Deutsch: Sachtexte analysieren" (ISBN 3-589-20956-9). Es unterstützt bei der gezielten Vorbereitung von Klausuren und Abitur in Grund- und Leistungskursen. Neben vielem anderen werden hier Textverständnis und sprachlicher Ausdruck trainiert.

Gedruckt auf chlorfrei gebleichtem Papier
ohne Dioxinbelastung der Gewässer.

Die Deutsche Bibliothek – CIP-Einheitsaufnahme

Brenner, Gerd:
Besser in allen Fächern Sachtexte verstehen und verfassen:
Oberstufe / von Gerd Brenner. – Berlin: Cornelsen Scriptor, 1996
(Lernhilfen von Cornelsen Scriptor)
ISBN 3-589-21085-0

5.	4.	3.	2.	1.	Die letzten Ziffern bezeichnen Zahl
2000	99	98	97	96	und Jahr des Drucks.

© 1996 Cornelsen Verlag Scriptor GmbH & Co. KG, Berlin
Das Werk und seine Teile sind urheberrechtlich geschützt. Jede Verwertung in anderen als den gesetzlich zugelassenen Fällen bedarf deshalb der vorherigen schriftlichen Einwilligung des Verlags.
Redaktion: Heike Friauf, Frankfurt am Main
Herstellung und Satz: Kristiane Klas, Frankfurt am Main
Umschlaggestaltung: Studio Lochmann, Frankfurt am Main, unter Verwendung eines Fotos von Peter Wirtz, Dormagen
Illustrationen Seite 59 bis 67: Klaus Becker, Frankfurt am Main
Druck und Bindearbeiten: Druckerei Gutmann GmbH, Talheim
Printed in Germany
ISBN 3-589-21085-0
Bestellnummer: 210850

Inhalt

Vorwort

„Geben Sie die vom Autor vertretenen Positionen in eigenen Worten wieder, und setzen Sie sich kritisch mit der im Text aufgeworfenen Frage auseinander, ob ..."

Solche und ähnliche Aufgabenstellungen verfolgen Sie durch viele Schuljahre. Immer wieder müssen Sie sich in einer ganzen Reihe von Fächern mit Sachtexten auseinandersetzen. Aber haben Sie eigentlich das nötige Know-how dazu? In der Schule legt man Ihnen Texte vor, die Sie zunächst in all ihren Dimensionen, in ihren Inhalten und strukturellen Raffinessen **verstehen** sollen. Anschließend geht es meist darum, Hausarbeiten oder Klausuren über solche Texte zu **schreiben** und dabei **eigene Gedanken** zu dem aufgeworfenen Thema zu **entwickeln**. Das alles natürlich in einer wohlgeordneten, durchdachten Form. Dazu brauchen Sie textliches Organisationsgeschick, Formulierungskunst und nicht zuletzt eine gute Zeitplanung, um alles in der angesetzten Zeit zu bewältigen.
Lehrer und Lehrerinnen in Geschichte, Erdkunde, Biologie, Politik, Sozialwissenschaften, Philosopie, Religion und Kunst verlassen sich oft darauf, daß Sie im Fach Deutsch dieses Handwerkszeug längst mitbekommen haben. Leider ist das aber oft nicht der Fall. Manchmal verläßt sich der eine Lehrer auf den anderen – und nirgends gibt es eine gründliche, systematische Klärung der Frage, wie man sich Sachtexte erschließt und welche Fertigkeiten man benötigt, um zu einem Sachtext eine rundum gelungene Analyse zu schreiben. Dabei können Sie Fähigkeiten zur Sachtextanalyse
♦ in anderen Fächern und
♦ im späteren Berufsleben meist besonders gut gebrauchen.

Dieser Band gibt Ihnen Anregungen, Ihr Know-how im Bereich der Sachtextanalyse zu erweitern. Es ist ja nicht damit getan, daß Sie in der Lage sind, einen Text zu überfliegen. Von Ihnen wird **aktives, gedanklich verarbeitendes Lesen** verlangt; Sie sollen Inhalte und Strukturen schnell durchschauen, die zentralen Aussagen gedanklich bündeln und in größere Zusammenhänge einordnen können. Und dann geht es auch noch darum, komplizierte Zusammenhänge schriftlich sachgerecht darzustellen. Es gibt viele Strukturierungs- und Formulierungshürden, die Sie schnell und elegant überspringen müssen, wenn Sie erfolgreich sein wollen.
Es empfiehlt sich, mit diesem Buch im Vorfeld von Klausuren intensiv zu üben, damit Ihnen bei der Klausur selbst vieles „halb automatisch" – und damit zeitsparend – von der Hand geht. Natürlich ersetzen die hier zusammengestellten Übungen nicht das nötige Fachwissen. Vielmehr helfen sie Ihnen, Ihr Wissen wirksam ins Spiel zu bringen. Dabei wünsche ich Ihnen viel Erfolg!

Gerd Brenner

A Fehlerquellen entdecken

Wenn eine Sachtextanalyse wenig erfolgreich war, dann sind Sie vielleicht „sauer" und werfen Ihre Arbeit schnell weg. Und wenn Ihr Erdkundelehrer Ihnen die Klausur zurückgibt mit den Worten: „Sie haben die Aufgabe wohl nicht ganz verstanden", dann wollen Sie die Sache vielleicht am liebsten gleich vergessen. Das sollten Sie nicht tun. Denn am Rand Ihrer Klausur und in der Notenbegründung finden Sie viele Hinweise darauf, was Sie besser machen könnten.
Die meisten der Hinweise stehen in der Regel am Rand. Wollen Sie sie entziffern, müssen Sie freilich eine Kürzelsprache beherrschen.

1. Fehler-Diagnose

Häufig verwendete Korrekturzeichen	Das Zeichen steht für:	Anzahl dieses Fehlers in der		
		1. Klausur	2. Klausur	3. Klausur
Aufgabe!	Aufgabe verfehlt			
Aufbau	Fehler bei der Organisation des Textes (z.B. fehlende Einleitung, Überleitung etc.).			
Wdh	Wiederholungsfehler			
Sa/Sf	sachlicher Fehler (unzutreffende Darstellung)			
SM oder ∫	sachliche Mängel (Auslassung wichtiger Aspekte; methodische Mängel)			
D	Denkfehler			

Fa	Fehler im Bereich der Fachsprache			
Bz	Beziehungsfehler			
Sb	Satzbaufehler			
St	Wortstellungsfehler			
M	Modusfehler (Indikativ/Konjunktiv)			
T	Tempusfehler			
Gr	Grammatikfehler (außer M, T, Sb, Bz)			
R	Rechtschreibfehler			
Z	Zeichensetzungsfehler			
A	Ausdrucksfehler			
W	falsches Wort			
⌐	fehlendes Wort			
(-)	überflüssiges Wort			

Nicht alle Lehrerinnen und Lehrer verwenden die ganze Palette dieser Korrekturzeichen. Manche kommen mit weniger aus und kommentieren ausführlich in Form längerer Randbemerkungen. Fehler, die ausführlich erläutert werden, sind in der Regel massiver in die Bewertung eingegangen als diejenigen, die nur mit Korrekturzeichen am Rand notiert werden.

Unter Ihren Klausuren finden Sie in den Notenbegründungen z.B. Bemerkungen wie die auf der folgenden Seite:

Fehlerbereich	Anzahl dieses Fehlers in der		
	1. Klausur	2. Klausur	3. Klausur
Wissenslücken			
sachliche Fehler			
zu wenig gedankliche Substanz			
zu wenig eigenständiges Denken (nur reproduktiv)			
oberflächlich			
zu spekulativ (unbegründete Annahmen)			
fehlende Fachterminologie			
mangelhafte Textorganisation			
falsches Zitieren			

2. Einen persönlichen Arbeitsplan entwerfen

1 Schauen Sie Ihre letzten Klausuren in verschiedenen Fächern durch. Überprüfen Sie, welche Sorte von Fehlern Sie wie oft gemacht haben. Tragen Sie die entsprechenden Fehlerzahlen für mehrere Klausuren ein.

2 Ermitteln Sie Ihre persönlichen Hauptfehler. Wo häufen sich die Fehlleistungen?

3 Fragen Sie ergänzend Ihre Lehrerin/Ihren Lehrer, wo sie/er Ihre Fehlerschwerpunkte sieht.
Falls Ihre eigenen Feststellungen mit dem Eindruck des Lehrers/der Lehrerin nicht übereinstimmen, sollten Sie mit ihm/ihr ein Gespräch darüber führen, wo Sie am besten ansetzen könnten, um sich zu verbessern.

4 Nutzen Sie dann das folgende Leitsystem durch dieses Buch.
(Sie können Fehlerschwerpunkte anhand der folgenden Übersicht gezielt angehen; aber Sie können natürlich auch das gesamte Buch als Trainingsprogramm durcharbeiten.)

Meine Fehlerschwerpunkte:	Kapitel, die für mich besonders sinnvoll sind:
Wissenslücken	Hier hilft nur, den „Stoff zu pauken", dessen Beherrschung für die Klausur erwartet wird!
sachliche Fehler	Sich eine Übersicht über den Inhalt verschaffen (S. 20) Quellen und andere Texte richtig wiedergeben (S. 52)
zu wenig gedankliche Substanz	Den Inhalt erfassen (S. 17) Textaussagen in größere Zusammenhänge einordnen (S. 68) Über den Text hinausblicken (S. 34)
zu wenig eigenständiges Denken (nur reproduktiv)	Stellung beziehen (S. 69)
oberflächlich	Den Inhalt erfassen (S. 17) Haupt- und Nebenaussagen sortieren (S. 27)

		Entscheidungen nachvollziehen (S. 29) Die Text-Struktur durchschauen (S. 29) Über den Text hinausblicken (S. 34)
zu spekulativ (unbegründete Annahmen)		Den Inhalt erfassen (S. 17) Zur Absicht des Autors (S. 34)
fehlende Fachterminologie		Zentrale Begriffe klären (S. 15)
mangelhafte Textorganisation		Den eigenen Text einleiten (S. 46) Quellen und andere Texte richtig wiedergeben (S. 52) Einen Schluß formulieren (S. 76) Alles logisch ordnen (S. 77)
falsches Zitieren		Zitat und Paraphrase (S. 105)
Aufgabe!	Aufgabe verfehlt	Die Aufgabenstellung erfassen (S. 38)
Aufbau	Fehler bei der Organisation des Textes (z.B. fehlende Einleitung, Überleitung etc.)	Einen persönlichen Arbeitsplan entwerfen (S. 9) Alles logisch ordnen (S. 77)
Wdh	Wiederholungsfehler	Einen persönlichen Arbeitsplan entwerfen (S. 9)
Sa/Sf	sachlicher Fehler (unzutreffende Darstellung)	Den Inhalt erfassen (S. 17) Quellen und andere Texte richtig wiedergeben (S. 52)
SM oder ∫	sachliche Mängel (Auslassung wichtiger Aspekte; methodische Mängel)	Haupt- und Nebenaussagen sortieren (S. 27) Die drei häufigsten Aufgabentypen (S. 38) Verschiedene Aufgaben – verschiedene sprachliche Mittel (S. 41)

D	Denkfehler	Zur Absicht des Autors (S. 34) Falsche Ebene (S. 82)
Fa	Fehler im Bereich der Fachsprache	Zentrale Begriffe klären (S. 15)
Bz	Beziehungsfehler	Beziehungsfehler (S. 83)
Sb	Satzbaufehler	Logik tappt in die Satzbaufalle (S. 78) Verknüpfungswörter (S. 78)
M	Modusfehler (Indika- tiv/Konjunktiv)	Sprachlich kennzeichnen, wer etwas sagt (S. 100)
Gr	Grammatikfehler	Tückische Präpositionen (S. 90)
Z	Zeichensetzungs- fehler	Eine „Antenne" für Kommas (S. 96)
A	Ausdrucksfehler	Den Ausdruck verbessern (S. 85)
W	falsches Wort	Unbekannte Wörter verstehen (S. 12) „Rational" und „rationell" – Die Fremdwortfalle (S. 92)
⌐	fehlendes Wort	Checkliste (S. 110)
(-)	überflüssiges Wort	Wortmüll – überflüssig (S. 94)

B Sachtexte verstehen: aktives Lesen

Man kann Texte **passiv** konsumieren, sie überfliegen oder verschlingen, ohne daß man als Leser besondere Anstrengungen unternimmt. Man kann Texte aber auch **aktiv** lesen, indem man z.B. das Gelesene kritisch prüft, eine Pause macht und die Textaussage in Gedanken kommentiert, zwischen den Zeilen liest, über unklare Stellen nachdenkt, für sich selbst Konsequenzen zieht usw.

Wenn Sie im schulischen Unterricht zusammen einen Text lesen oder wenn Sie gar in einer Klausur oder Klassenarbeit einen Text untersuchen müssen, dann wird von Ihnen aktives Lesen erwartet. Ohne Training ist das gar nicht so einfach. Die folgenden Seiten helfen Ihnen, sich Techniken anzueignen, mit denen Sie Sachtexte auf produktive Weise aktiv lesen können.

 Sie sollten schon als Schüler/in früh damit anfangen. Sonst werden Sie im weiteren Fortgang Ihres Bildungsweges laufend mit Problemen konfrontiert.

1. Sprachliche Hürden nehmen

> „Mickymaus-orientierte Massenkulturen, Manieristen und feministische Kunst erheben nicht nur im Schmelztiegel der massenmedialen Allesverbreitung längst ihre Ansprüche an gleichberechtigte Rezeption ihrer Ausdrucksformen ...“

Sicherlich haben Sie schon vor einem Text gesessen, in den Sie zunächst gar nicht „hineinkommen" konnten. Schon die Sprache eines Textes kann eine zunächst unüberwindliche Hürde darstellen. Wenn Sie damit Probleme haben, sollten Sie die folgenden Tips zur Kenntnis nehmen.

Unbekannte Wörter verstehen

Was tun, wenn man in einem Text ein Wort nicht versteht? Wenn Sie in einer Klausur oder Klassenarbeit einen Text zu analysieren oder zu erörtern haben, liefert der Lehrer/die Lehrerin meist Worterklärungen mit. Dies betrifft in der Regel besonders abgelegene, in der Standardsprache ungebräuchliche Wörter.

Was aber, wenn die meisten Mitschülerinnen und Mitschüler das Wort offensichtlich kennen, nur Sie nicht?

Zunächst sollte man prüfen, ob das Wort für das Verständnis des Textes wichtig ist, ob es also zu Mißverständnissen des Textes führen könnte, wenn Sie das Wort nicht richtig verstehen. Haben Sie diesen Eindruck, dann sollten Sie sich um eine Klärung bemühen. Dazu ist folgende **Strategie** ratsam:

1. Da Sie bei Klausuren in der Regel ein Wörterbuch zur deutschen Rechtschreibung benutzen dürfen, schauen Sie darin nach. Nicht allzu abgelegene Wörter sind darin meist erfaßt und z.T. auch kurz erklärt. (Ein Wörterbuch zur deutschen Rechtschreibung sollten Sie zu jeder Klausur und Klassenarbeit mitnehmen!)

2. Prüfen Sie noch einmal genau nach, ob sich die Wortbedeutung nicht aus dem Textzusammenhang erschließen läßt.

3. Wenn alle Stricke reißen, bitten Sie den Fachlehrer/die Fachlehrerin, Ihnen die Wortbedeutung anzugeben. Dabei sollten Sie allerdings darauf achten, daß Sie nicht nach Begriffen fragen, die in jüngster Zeit Gegenstand des Unterrichts gewesen sind und die Sie eigentlich hätten wissen müssen.

4. Wenn Sie eine solche Pleite vermeiden wollen, sollten Sie rechtzeitig vor einer Klausur anfangen, alle wichtigen Fachbegriffe, die im Unterricht auftauchen, in eine Liste einzutragen.

Liste der „klausurverdächtigen" Fachbegriffe

Keine Probleme: Vor der Klausur noch einmal klären:

_____   _____

_____   _____

_____   _____

_____   _____

_____   _____

_____   _____

1 Tragen Sie in diese Liste alle „klausurverdächtigen" Begriffe für Ihre nächste bevorstehende Klausur ein. Sie gehören zu den wichtigsten Hilfsmitteln zur Lösung von Aufgaben.

2 Klären Sie mit Hilfe eines Fachbuches oder Ihrer Kurskameraden/kameradinnen diejenigen Begriffe, die Ihnen noch nicht hinreichend vertraut sind.

3 Wichtige Begriffe können Sie auch auf Karteikarten notieren und in einem Karteikasten sammeln.

4 Lesen Sie sich einen Tag vor der Klausur noch einmal die wichtigsten Begriffe durch, und stellen Sie diese in einem **Begriffsmodell** dar. Sie prägen sich so eine gedankliche Systematik ein, die Ihnen in der Klausur/Klassenarbeit sehr nützlich sein kann.

Wie ein solches Begriffsmodell aussehen kann, sehen Sie auf der folgenden Seite.

Ein Beispiel:

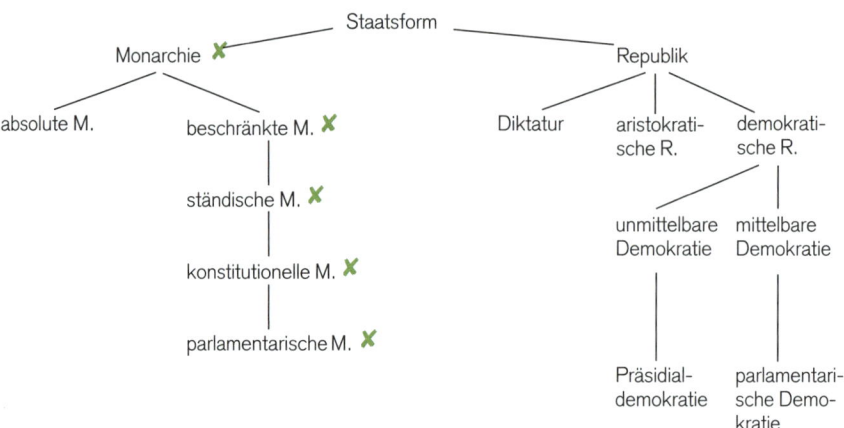

✗ = besonders „klausurverdächtig"

Begriffsmodell für die nächste Klausur:

Oberbegriff(e): _____

_____

_____

untergeordnete Begriffe: _____

_____

_____

weitere Unterordnungen: _____

_____

_____

_____

_____

_____

_____

_____

_____

Zentrale Begriffe klären

Ein wichtiges Element des aktiven Lesens ist es, zentrale Begriffe im Text genau zu erfassen, und zwar **so, wie der Verfasser/die Verfasserin sie gemeint hat.** In Sachtexten gibt es immer wieder Schlüsselbegriffe, die Sie selbst etwas anders definieren würden als der Autor/die Autorin. Deshalb sollten Sie sich vergewissern, wie der Verfasser/die Verfasserin zentrale Begriffe eines Textes offensichtlich verstanden haben will. Schreiben sie eine kurze **Definition**, die sich auf den Text stützt.

Definition:
Begriffsbestimmung durch Angabe
– eines **Oberbegriffs** und
– **wesentlicher Merkmale**, die der Abgrenzung von naheliegenden Begriffen dienen.

 Eine solche Vorübung können Sie gut für die Einleitung einer zu verfassenden Textanalyse verwenden (vgl. S. 49).

5 Formulieren Sie, gestützt auf den Text auf S. 16 f., eine Definition des Begriffes „TV-Trailer".

Falls es Ihnen nicht auf Anhieb gelingt, können Sie die folgenden Vorübungen machen (Aufgaben 6 bis 8).

6 Suchen Sie einen Oberbegriff für die folgenden Wörter:
TV-Trailer, Firmenwerbung (z.B. Werbespot für „Die Deutschen Bahnen"), Produktwerbung (z.B. Werbespot für „Milch"), Programmhinweis, Einblendung eines Sponsors („Diese Sendung wird Ihnen präsentiert von …"), Schleichwerbung

Oberbegriff: _____

7 Geben Sie wesentliche Merkmale für „TV-Trailer" an, die eine Verwechslung mit anderen Unterbegriffen wie „Produktwerbung" oder „Schleichwerbung" ausschließen.
Unterscheidende Merkmale: _____

_____

_____

_____

8 Formulieren Sie nun eine Definition nach dem folgenden Muster:

Oberbegriff

Ein TV-Trailer ist _____

unterscheidende Merkmale

Er/sie unterscheidet sich dadurch von ähnlichen Phänomenen, daß er/sie

_____

_____

Aus den traditionell trockenen Programmhinweisen wurde eine Kunstform

TV-Trailer sollen Zuschauer zur Folgesendung rüberziehen

Ein kunterbunter Wecker tobt über den Bildschirm. Dann die agile Actrice Whoopi Goldberg. Über Filmszenen schlängeln sich farbige Schlagworte. „Schrill". „Chaotisch". Und kurz in nur 15 Sekunden soll dieser SAT.1-Trailer das richtige Publikum für die neue Filmreihe ausmachen. Ganz anders der Spot zum „Talk im Turm". Mahlers elegische zweite Sinfonie untermalt Bilder des afrikanischen Hunger- und Kriegselends. Mit extra langsamer Sprache, Blümchentapete und Goldrähmchen ist auch die Reklame für Conny Froboess zielgruppengerecht stilisiert.

In der TV-Steinzeit fielen solche Aktivitäten noch unter den verwaltungsmäßigen Begriff „Programmhinweise". Ansagerin Mady Riehl saß neben einem Stück blauer Pappe mit aufgeklebter Sendezeit. Ein Monitor zeigte die Lieblingsszenen des betreuenden Redakteurs in voller Länge. In der Ära von Videoclips und Dutzenden hart konkurrierender Sender hat sich der „Fernsehtrailer On-Air" jedoch längst zur eigenständigen Kunst- und Kommerzform entwickelt, inklusive eigener Festivals wie in Köln. Das Geschäft boomt. 1994 gehen knapp 25 000 TV-Trailer für rund 200 Millionen Mark auf Sendung. Tendenz: steigend.

Alle Stationen haben ihre Trailer-Teams. Allein bei SAT.1 sorgen zehn Redakteure so täglich 40 Minuten lang für volles Programm. Die Eigenwerbung erfüllt dabei gleich mehrere strategische Ziele. Zunächst will man jene 57 Prozent der Zuschauer ködern, die noch eine Stunde vorher nicht wissen, was sie sehen möchten. Damit die „richtigen" Leute einschalten, muß der Trailer möglichst präzise den Ton und den Inhalt der Sendung vermitteln – und sei es mit computergraphischen Gags, wie Roger Willemsen, der auf dem Stuhl durch virtuelle Räume wirbelt; Plagiat eines Tonic-Water-Spots.

Doch nicht nur das Einschalten will man fördern – auch das Um- und Abschalten muß partout verhindert werden. Noch vor dem Ende eines langen Abspanns hat sich die Hälfte der Zuschauer bereits in alle TV-Kanäle verstreut. Deshalb sollen sie von einer Sendung zur nächsten „fließend rübergezogen werden", so ZDF-Trailerredakteur Olaf Steenfadt. Die „Zuschauerbindung an den Schnittstellen" bedeutet, daß etwa bei Vorabendserien statt Standbildern Szenen der nächsten Folge erscheinen.

Auch das ZDF zeigt täglich 12 bis 20 Trailer, die mit kessen Sprüchen („Abschalten können Sie woanders") und cleverer Ästhetik das ZDF als Markenartikel mit neuem Anstrich präsentieren. Image Transfer heißt das im PR-Jargon. Beispiel „Frontal". Am Anfang war die Frage: Was macht die Sendung unverwechselbar? Fazit einer hausinternen Projektgruppe von

Redakteuren, Technikern und Graphikern: Das Duo Hauser/Kienzle und die moderne Bildsprache. „Werte wie ‚investigativ‘, ‚journalistisch‘, ‚informativ‘, ‚glaubwürdig‘ sind abstrakt, unverbindlich und austauschbar, da alle Magazine so sein wollen bzw. dieses von sich behaupten", heißt es im Arbeitspapier der Gruppe. „Zweck des Trailers ist es vor allem, Aufmerksamkeit zu erzeugen, Appetit zu machen und den Produktnamen zu befördern." So schwitzten Hauser/Kienzle als gegeneinander Rudernde im Thermalbad für den Spruch: „Ausgewogenheit ist eine Frage des Trainings".

Solche Clips kosten pro Minute zwischen 5000 und 15 000 Mark, erklärt der SAT.1-Trailerchef Nikolaus Geretshauser. Der Aufwand reicht von der simplen Suche nach Bildmaterial und Botschaften bis hin zum extra Drehtermin – etwa in der Kulisse von „Fall für 2", wo Rainer Hunold sich entspannt in eine Pilcher-Verfilmung einklinkt. Wichtige Beiträge werden schon einen Monat vorher beworben, sagt Geretshauser. Erst nach der dritten Ausstrahlung grüben sich Trailer ins Bewußtsein ein. Zwei Drittel der SAT.1-Spots sind deshalb Wiederholungen.

So unbegrenzt sich die hektische Welt der Promotion präsentiert – auch hier gibt es Grenzen. So darf für Filme, die erst ab 16 oder 18 Jahren freigegeben sind, tagsüber nur mit Standbildern geworben werden. Für Geretshauser kein Problem. Spannung entsteht für ihn nicht, „wenn einer abgeknallt wird", sondern durch gute Bild-Montagen. Tabu sind auch Trailer für „Käse" – so SAT.1-Mann Gerhard Kehry über die Sexfilmchen. Die haben eh‘ ihr unverdrossenes Stammpublikum. Selbstkritik zeigt auch ZDF-Trailerchef Joachim Krischer. Nochmals würde er nicht während eines Fußballspiels am Nachmittag für „XY ungelöst" werben, weil da Kinder mit zuschauen.

Auch ästhetisch ist Beruhigung in Sicht. Während hierzulande noch die Experimentierwut zu hektischen, mit optischer Mayonnaise aus dem Graphikcomputer übergossenen Trailern führt, machte Krischer in den USA bereits einen Trend zu langsameren, erzählerischen Formen aus.

Was das alles letztlich bringt, weiß indes niemand genau – auch wenn SAT.1-Mann Geretshauser nach einem von einer Frau gemachten „Mann-O-Mann"-Trailer eine Million Zuschauer mehr sah. Klar ist nur eines: „Ob ‚Rama‘ oder ‚Frontal‘ – von den optischen Gesetzen der Werbung her ist das relativ schnell gleich", resümiert ZDF-Redakteur Steenfadt.

DIETER DEUL

2. Den Inhalt erfassen

Wenn Sie bei der Lektüre eines Sachtextes sprachliche Hürden überwunden haben, sollten Sie im nächsten Schritt den Inhalt möglichst genau und zeitsparend erfassen. Zunächst geht es um folgendes.

Erste Einordnung des Textes

Schon nach dem ersten Lesen eines Sachtextes können Sie durchaus einige Fragen beantworten. Sie müssen nur wissen, welche Fragen man sich stellen kann.

9 Versuchen Sie das einmal für den Text „Wunderdroge aus der Zirbeldrüse" auf S. 18.

① Was ist das **Thema** des Textes?

_____

② Wo ist der Text erschienen (**Erscheinungsort**, vgl. Quellenangaben S.110)?
Zielt er auf ein bestimmtes **Publikum**?

_____

_____

③ Gibt es einen besonderen **Anlaß** für den Text?

_____

④ Gibt es in Wissenschaft, Öffentlichkeit etc. **unterschiedliche Standpunkte**
zum Thema des Textes? Wenn ja, welche?

_____

_____

⑤ Kommt **der Verfasser/die Verfasserin** zu einem abschließenden **Ergebnis**?

_____

_____

Mit der Beantwortung dieser Fragen haben Sie bereits wichtige Zugänge zu dem
Text gefunden. Das gibt Ihnen eine erste Sicherheit.

Wunderdroge aus der Zirbeldrüse
Von Andreas Sentker

Bei Rhonda Winokur klingelt pausenlos das Telephon. Die Besitzerin des kleinen Naturkostladens in Rockledge, Pennsylvania, kommt mit den Bestellungen kaum nach. Alle wollen Melatonin, den Stoff, der Schönheit, Jugend und Gesundheit verspricht. Und in Sherwyn's Health Food Store in Chicago verkündet weithin sichtbar eine Neontafel: „Yes, we have Melatonin."

Das Wundermittel soll vor Krebs und grauem Star schützen, das Immunsystem stärken, Kraft und Anmut bis ins hohe Alter bewahren. Es wirkt – so heißt es – gegen Schlafstörungen und hilft, nach ermüdenden Langstreckenflügen den Jetlag zu bezwingen. Seit die amerikanischen Medien das menschliche Hormon Melatonin als Alleskönner priesen, kommen die Hersteller mit der Produktion nicht mehr nach, stürmen die Kunden die Drogerien und Naturkostläden. Bei KAL, einem Melatonin-Produzenten in Park City im Bundesstaat Utah, wurde in den vergangenen zwei Wochen so viel Melatonin ausgeliefert, wie das Unternehmen sonst im ganzen Jahr verkauft. „Melatonin Mania" kommentiert die Newsweek das verrückte Treiben. Dabei hatte das amerikanische Magazin den Boom selbst ausgelöst: Es erkor das Hormonpräparat im August zur „heißesten Pille des Jahrzehnts".

Seit einiger Zeit ist Melatonin auch in Deutschland erhältlich. Apotheken verkauften das Hormon bisher ähnlich wie Vitaminpräparate oder Mineraltabletten als Nahrungsergänzungsmittel – mit bescheidenem Erfolg. Erst die Medien sorgten mit reißerischen Meldungen dafür, daß die Apotheker in den vergangenen Tagen ihr Wunder mit dem „Wundermittel" erlebten.

Der Ansturm der Kunden machte auch die Behörden aufmerksam. Die Bundesvereinigung der deutschen Apothekerverbände warnte vor der unkontrollierten Einnahme des Mittels. Auch das Bundesinstitut für gesundheitlichen Verbraucherschutz in Berlin reagierte prompt. Die Beamten halten weder Wirksamkeit noch Unbedenklichkeit des Präparats für wissenschaftlich hinreichend belegt. Melatonin, heißt es in der Erklärung der Behörde, sei „eine Substanz mit pharmakologischer Wirkung", also ein Arzneimittel. Als solches aber ist das Hormon in Deutschland nicht zugelassen, der Verkauf illegal.

„Das ist eine völlig willkürliche Definition, ein Witz", empört sich Dieter Henrichs, Mitarbeiter der Supplementa GmbH in Münsig am Starnberger See. Seit einem Jahr hat das Unternehmen Melatonin im Programm. Nun wurde der Import von Amts wegen gestoppt. Das verheißungsvolle Geschäft ist für die Bayern gelaufen, bevor es so richtig begonnen hat.

Melatonin, genauer 5-Methoxy-N-Acetyltryptamin, ist ein körpereigenes Hormon und wird beim Menschen in der Zirbeldrüse, der Epiphyse, gebildet. Ärzte und Anatomen der griechischen Antike hielten sie für die mystische Eintrittspforte der Gedanken. Der französische Philosoph René Descartes vermutete hier gar den Sitz der Seele. Längst hat die moderne Wissenschaft die Epiphyse entmystifiziert, doch nun gerät sie wieder in den Mittelpunkt des spekulativen Interesses. Das erbsengroße Anhängsel an der Basis des Gehirns beginnt im dritten Lebensmonat mit der Melatoninproduktion. In der frühen Kindheit ist die Drüse dann in Hochform. Noch vor der Pubertät sinkt der Melatoninspiegel im Blut jedoch gewaltig. In den vierziger Jahren unseres Jahrhunderts wurde das Hormon isoliert und seine Struktur aufgeklärt. Schon sehr viel früher hatten Anatomen in der Zirbeldrüse den Wächter der Keuschheit gesucht – sie sollten recht behalten: Der hohe Melatoninspiegel im Blut verhindert – so vermuten die Forscher – die Geschlechtsreifung.

Aber auch nach der Pubertät nimmt die Melatoninmenge langsam, aber beständig ab. Sechzigjährige haben noch etwa die Hälfte des Botenstoffes im Blut, der sich bei Zwanzigjährigen nachweisen läßt. Besonders auffallend ist ein typischer Tag-Nacht-Rhythmus der Melatoninproduktion. Erst wenn es dunkel wird, kommt die Epiphyse auf Touren. In den zwanziger Jahren hatten Anatomen entdeckt, daß Zellen in der Epiphyse von Fröschen auffallend den lichtempfindlichen Strukturen der Netzhaut ähnelten. Die Wissenschaftler vermuteten ein „drittes Auge" (siehe DIE ZEIT, Nr. 47/1994). Bei Säugetieren ist diese offensichtliche anatomische Übereinstimmung verlorengegangen. Doch noch immer wird die Funktion der Zirbeldrüse vom Licht beeinflußt. Wenn sie mit der Melatoninproduktion beginnt, meldet die steigende Konzentration des Hormons im Blut dem Körper die einbrechende Nacht – Schlafenszeit. Die Stoffwechselaktivität des Körpers wird reduziert, die Funktion der Schilddrüse gehemmt.

Der rätselhafte Dunkelheitsmelder des menschlichen Körpers ist stammesgeschichtlich ein sehr altes Hormon. Schon in bestimmten Bakterien lassen sich eng verwandte Botenstoffe nachweisen. Hier steigern sie die Photosyntheseleistung bei Beginn der Dämmerung. Melatonin findet sich im Tierreich ebenso wie bei Pflanzen. (...)

Daß die Allerweltssubstanz nun plötzlich in die Schlagzeilen gerät, dafür sind vor allem eine Handvoll amerikanischer Wissenschaftler verantwortlich. Eine der zentralen Figuren aber ist Ray Sahelian, ein einfacher Hausarzt in Los Angeles. Er preist Melatonin als wirksames und vor allem nebenwirkungsfreies Schlafmittel an.

Sein im Selbstverlag erschienenes Buch „Melatonin - Naturs's Sleeping Pill" geht inzwischen in die vierte Auflage. „Melatonin wird verschreibungspflichtige Schlafmittel überflüssig machen", verkündet der Mediziner. Und tatsächlich: Achtzig Prozent einer von Sahelian betreuten Fangemeinde, die im Internet über die Wirkungsmächte des „Wundermittels" diskutiert, schlummern nach Einnahme des Hormons leichter ein. (...)

Sich einen Überblick über den Inhalt verschaffen

Spätestens beim zweiten Lesen kann man einen Sachtext gedanklich voll erfassen und die inhaltliche Gliederung herausarbeiten. Sinnvoll ist es, dabei **optische** Hilfen zu nutzen, die bei späteren Arbeitsgängen einen guten und schnellen Zugriff auf den Text erlauben.

Nachfolgend finden Sie verschiedene Verfahren, die solche Hilfen anbieten. Lesen Sie noch einmal den Sachtext „TV-Trailer ..." auf S. 16 f., und vollziehen Sie dabei nach, welche Notizen Sie sich bei der gedanklichen Erfassung eines Textes machen können. In einer Klausur oder Klassenarbeit können Sie die vorgestellten Verfahren miteinander kombinieren.

Schlüsselwörter-Verfahren

Sie unterstreichen spätestens beim zweiten Lesen die Schlüsselwörter eines Textes, also die für die Textaussage wichtigsten Wörter. Diese Methode ist in Schulen wohl am weitesten verbreitet.

10 Unterstreichen Sie in dem Text „TV-Trailer ..." (S. 16 f.) in jedem Abschnitt nur ein Schlüsselwort.

Oft fällt es nicht leicht, Schlüsselwörter auf Anhieb zu finden. Vielleicht kommen Sie dann mit den folgenden Methoden eher zum Erfolg.

Abschnitt-Verfahren

Hier nutzen Sie die Entscheidung des Verfassers/der Verfasserin, den Text in Abschnitte zu gliedern. Meist wird mit der Entscheidung für einen neuen Abschnitt angedeutet, daß auch ein neuer Sinnabschnitt beginnt. Nutzen Sie diese Hilfestellung zur gedanklichen Erschließung des Textes.

11 Setzen Sie neben jeden Abschnitt des Textes „TV-Trailer ..." auf S. 16 f. eine kurze Überschrift, die den Inhalt möglichst genau trifft.

Besonders Autorinnen und Autoren wissenschaftlicher Texte neigen oft dazu, ganz lange Abschnitte zu bilden. Dann bekommen Sie durch das äußere Erscheinungsbild des Textes zu wenige Gliederungshilfen. In solchen Fällen können Sie die folgenden Verfahren wählen, die zusätzliche Vorteile haben.

Cluster-Verfahren

Zu dem Text „TV-Trailer ..." könnte folgendes Cluster hergestellt werden:

Das Cluster-Verfahren hat den Vorteil, daß Sie sich die inhaltliche Struktur eines Textes bei den folgenden Arbeitsgängen immer wieder vor Augen führen können. Einen Aufsatz über den Text können Sie dann leichter sinnvoll gliedern. Sie verlieren sich nicht in einem Wust von Einzelheiten.

12 Entwickeln Sie ein Cluster zu dem Text „Wunderdroge ..." auf S. 18 f. Nutzen Sie dafür diese Skizze, und übertragen Sie sie auf ein großes Blatt Papier.

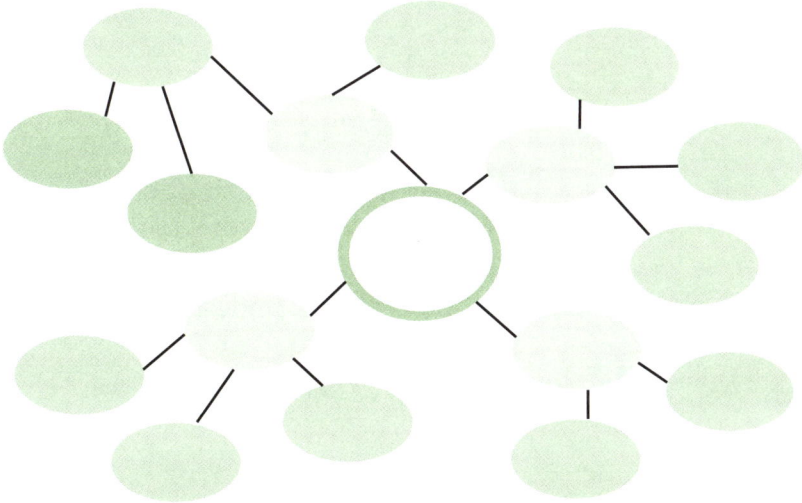

„Denk-Zentrale"

Sachtexte bauen sich Zeile für Zeile und Seite für Seite linear auf. Es folgt Wort
auf Wort; und wenn Sie Hunderte von Wörtern hintereinander gelesen haben,
können Sie leicht den Überblick verlieren. Es hat deshalb große Vorteile, einen
linear fortschreitenden Sachtext in eine andere Ordnung zu bringen: Die „Denk-
Zentrale" ist eine Stichwort-Sammlung, die nicht oben auf einem Blatt, sondern
in der Mitte der Seite beginnt.

 Eine solche Übersicht hat viele Vorteile:
- Man kann bildlich nachverfolgen, wie sich ein Themenkern über Hauptäste
  (dicke Linie) bis in Einzelheiten hinein entfaltet.
- Dabei unterscheidet man Wichtiges von Unwichtigem.
- Die „Denk-Zentrale" macht optisch klar, wie viele einzelne Aussagen zu einem
  Text vernetzt worden sind; sie fördert auch bei Ihnen das „vernetzte Denken".
- Die Denkleistung des Autors oder der Autorin kann man so genauer und leich-
  ter nachverfolgen. Auch Lücken und Schwachstellen lassen sich aufdecken.
- Die Übersicht erlaubt es bei späteren Arbeitsschritten immer wieder, sich im
  Text schnell zu orientieren; denn Ihre Arbeit wird optisch gestützt.

Die „Denk-Zentrale" unterscheidet sich vom Cluster, das Sie oben kennengelernt
haben, durch eine stärkere Differenzierung; Sie können mehr Einzelaspekte unterbringen. Ansonsten sind die Effekte ähnlich.

13 Setzen Sie die folgende „Denkzentrale" zu dem Text „Wie kommt die Welt in den
Kopf?" auf S. 25 ff. fort.

Neurowissenschaften
Psychologie
Physiologie
Philosophie

alternative Begriffe   *Bewußtsein*   *Modebegriffe*
Seele   *Chaos*
Geist   *Komplexität*
                                                       Selbstorganisation
                                                       Evolution

Konspekt-Verfahren

Eine andere Möglichkeit der gedanklichen Erschließung eines Textes: Sie machen **textgliedernde Randbemerkungen**. Mit ihrer Hilfe können Sie die inhaltliche Struktur des Textes besser überblicken (Konspekt).

 Das Konspekt-Verfahren hat einen großen Vorteil: Für einen späteren Aufsatz über den Text haben Sie bereits einige Formulierungen zur Verfügung. Diese können Sie oft direkt übernehmen. Wenn Sie den Text inhaltlich wiedergeben müssen, brauchen Sie die Randnotizen nur in Satzform zu bringen und mit Überleitungen zu versehen.

Für den Text „TV-Trailer..." (S. 16 f.) könnten die Randnotizen so aussehen:

Alle Stationen haben ihre Trailer-Teams. Allein bei SAT.1 sorgen zehn Redakteure so täglich 40 Minuten lang für volles Programm. Die Eigenwerbung erfüllt dabei gleich mehrere strategische Ziele. Zunächst will man jene 57 Prozent der Zuschauer ködern, die noch eine Stunde vorher nicht wissen, was sie sehen möchten. Damit die „richtigen" Leute einschalten, muß der Trailer möglichst präzise den Ton und den Inhalt der Sendung vermitteln – und sei es mit computergraphischen Gags, wie Roger Willemsen, der auf dem Stuhl durch virtuelle Räume wirbelt; Plagiat eines Tonic-Water-Spots.	*in jeder TV-Anstalt Redakteure, die nur Trailer herstellen*
	Ziel: Zuschauer aufmerksam machen
Doch nicht nur das Einschalten will man fördern – auch das Um- und Abschalten muß partout verhindert werden. Noch vor dem Ende eines langen Abspanns hat sich die Hälfte der Zuschauer bereits in alle TV-Kanäle verstreut. Deshalb sollen sie von einer Sendung zur nächsten „fließend rübergezogen werden", so ZDF-Trailerredakteur Olaf Steenfadt. Die „Zuschauerbindung an den Schnittstellen" bedeutet, daß etwa bei Vorabendserien statt Standbildern Szenen der nächsten Folge erscheinen.	*Ziel: Zuschauer an den Sender binden*

14 Schreiben Sie nun textgliedernde Randnotizen zu dem Text „Wunderdroge ..." auf S. 18 f. (Eine kleine Hilfe: Schreiben Sie sich die Zeilenzählung neben die Spalten des Zeitungsartikels.)

„Lesezeichen"

„Lesezeichen" können Sie zusätzlich zu anderen Verfahren der Texterschließung verwenden. Schon beim ersten Lesen können Sie im Text und am Rand einige Zeichen hinterlassen, die Ihnen bei den folgenden Arbeitsgängen einen raschen und gezielten Zugriff auf den Text erlauben. Solche „Lesezeichen" könnten sein:

Randzeichen

| ⟶ wichtige Textaussage

⟩ ⟶ zweifelhafte, nicht ganz nachvollziehbare Darstellung

? ⟶ vorerst unklare Textstelle, über die Sie noch einmal nach-
denken müssen (evtl. nach einer gründlichen Zweit- oder
Drittlektüre)

! ⟶ Aussage, die in besonderer Weise Ihren eigenen Ansichten
entspricht

---

15 Versehen Sie den Text „Wunderdroge …" auf S. 18 f. mit solchen Randnotizen.
Nehmen Sie dazu einen Stift mit einer anderen Farbe als für Aufgabe 14.

Im Text sollten Sie nur **ganz sparsam markieren**. Immer wieder sieht man be-
arbeitete Texte, in denen mit Markern oder Bleistift so viel unterstrichen oder ein-
gefärbt worden ist, daß kaum noch etwas gezielt hervorgehoben wird. Für die folgenden Arbeitsgänge sind solche Markierungen dann unbrauchbar. Wenn
nämlich fast alles für gleich wichtig erklärt wird, sind Markierungen sinnlos.

 Daher folgende Tips:
- Markieren Sie nur einzelne Wörter oder Wortgruppen, aber nie ganze Sätze
oder gar vollständige Abschnitte.
- Wenn Sie Satzaussagen oder Abschnitte hervorheben wollen, reichen Markierungen am Rand (s.o.). Lassen Sie den Text selbst frei für wichtige andere Ver-
arbeitungssignale.

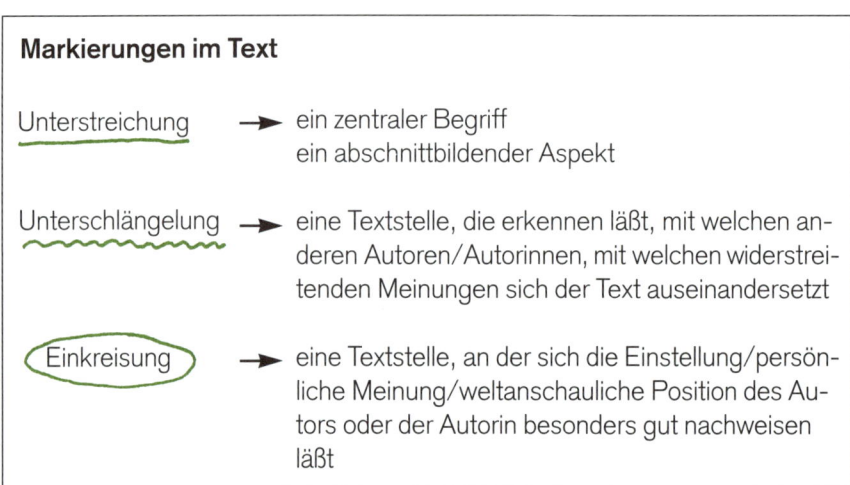

Die folgende zusammenfassende Übung können Sie nicht „nebenbei erledigen". Nehmen Sie sich dafür etwas Zeit. (Falls Sie Schwierigkeiten haben, Sachtexte sofort mit dem Cluster-Verfahren, dem Konspekt-Verfahren und mit „Lesezeichen" gedanklich zu erschließen, können Sie zunächst die Übungen unter der Überschrift „Haupt- und Nebenaussagen sortieren" auf S. 27 machen.)

16 Wählen Sie eines der oben vorgestellten Verfahren der inhaltlichen Texterschließung oder eine Kombination mehrerer Verfahren aus. Lesen Sie damit aktiv den folgenden Text „Wie kommt die Welt in den Kopf?".
Links und rechts können Sie Randzeichen unterbringen. Machen Sie auch einige Zeichen im Text.

Wie kommt die Welt in den Kopf?
Von Andreas Sentker

Christof Koch liebt es aufzufallen. Mit breitkrempigem Hut und roten Cowboystiefeln stapft der Hirnforscher durch die Gassen der Tübinger Altstadt. Hier, in der Stadt von Hegel und Hölderlin, fühlt sich der Wahlamerikaner wohl. Koch arbeitet am California Institute of Technology in Pasadena und repräsentiert die jüngste Generation der Hirnforscher. Sein selbstbewußtes Auftreten ist symptomatisch für die neue Aufbruchstimmung unter den Neurowissenschaftlern: „Wir werden Bewußtsein erklären können", davon ist der Deutsche überzeugt. Mit vereinten Kräften mühen sich Neurobiologen und Mediziner, Computerexperten und Psychologen, das Bewußtsein zu ergründen. Wie gerät die Welt in den Kopf, was ist Kreativität, was Geist? Doch die Zunft der Hirnforscher ist zerstritten. Schon am Begriff des „Bewußtseins" scheiden sich die Geister. Daß die Wissenschaftler ihn anstelle der altmodischen „Seele" einführten, hat die Diskussion keineswegs erleichtert.

Für den Psychologen Ernst Pöppel ist das Leib-Seele-Problem eher ein Fall für die Linguistik als für die Hirnforschung: „Durch die Abtrennung des Begriffs vom gesprochenen Wort und durch seine schriftliche Fixierung wird uns vorgegaukelt, daß es Bewußtsein im eigentlichen Sinne des Wortes gäbe." Und der Oxforder Neurophysiologe Colin Blakemore jammert: „Je mehr wir über das Gehirn wissen, um so bedeutungsloser wird es – ein Phänomen, das sich gleichsam verflüchtigt."

So ähneln die Neurowissenschaftler jenen Slapstick-Komödianten, die sich nach ihrem herabgefallenen Hut bücken und ihm dabei einen Tritt versetzen, um ihm gleich darauf wieder nachzueilen. Ein scheinbar hoffnungsloses Unterfangen, das Zusehen aber bereitet dennoch Vergnügen. Man muß nur die Regeln des Spiels kennen: Wie in kaum einer anderen Disziplin jonglieren die Forscher mit Modebegriffen. Ein „Paradigma" jagt das andere, die „Revolutionen" sind kaum noch zu zählen. „Chaos" und „Komplexität", „Evolution" und „Selbstorganisation" – die wissenschaftlichen Reizwörter der neunziger Jahre beherrschen die Debatte und lassen sich in nahezu jeder Hirntheorie nachlesen. Da fällt es selbst Experten oftmals schwer, hinter dem immer gleichen Jargon die feinen Unterschiede in den theoretischen Ansätzen auszumachen. Nur mit Mühe haben sich die Wissenschaftler bisher auf eines einigen können: Geistige Phänomene sind ein Produkt der materiellen, der von physikalischen Gesetzen bestimmten Welt. Das immerhin verdient die Bezeichnung „Revolution". Denn das westliche Denken war traditionell immer zutiefst dualistisch, Körper und Geist wurden säuberlich getrennt. Der wohl bekannteste Dualist begründete die Philosophie der Neuzeit: René Descartes. „Cogito ergo sum", ich denke, also bin ich.

Auf diese Weise faßte Descartes, jedenfalls nach landläufiger Meinung, sein Bekenntnis zusammen.

Während die Philosophen lange Zeit das Bewußtsein mit einer metaphysischen Erfahrung des „Ich" und seiner Geschichte verknüpften, versuchen die Hirnforscher heute den Geist sozusagen aus der Materie heraus zu erklären.

„Sum ergo cogito", ich denke, weil ich bin: So verkehrt Gerald Edelman folgerichtig das Diktum des Descartes in sein Gegenteil. Der 66jährige Medizin-Nobelpreisträger versucht als einer der wenigen, ein umfassendes Theoriengebäude zu errichten. Wie ein moderner Prediger reist er unermüdlich von Vortragstermin zu Vortragstermin. Mit bewundernswerter Rhetorik, die mühelos vom lockeren Plauderton auf propagandistische Eindringlichkeit umschaltet, verkündet er seine Botschaft: Nur die Biologie ist der Schlüssel zum Gehirn. Wer menschliches Denken und Bewußtsein verstehen will, muß sich anschauen, wie das Gehirn entstanden ist, muß seine Geschichte und Struktur erforschen. „Es muß Wege geben, den Geist zur Natur zurückkehren zu lassen, die denen entsprechen, auf denen er in sie hineingekommen ist", sagt Edelman und meint damit: Evolution statt göttlicher Eingebung. Sein Schlagwort lautet „Darwinismus", das Vokabular des 19. Jahrhunderts bestimmt sein wissenschaftliches Weltbild. 1969 war es ihm erstmals gelungen, den chemischen Aufbau eines Antikörpermoleküls vollständig zu entziffern; heute glaubt er, den Schlüssel zum Bewußtsein gefunden zu haben. Sein jüngstes populärwissenschaftliches Werk hat er „Göttliche Luft, vernichtendes Feuer" überschrieben. Damit sieht sich Edelman als Nachfolger des griechischen Philosophen Empedokles, von dem das Zitat stammt. Dieser hatte versucht, die Elemente, die Aristoteles zuvor so säuberlich getrennt hatte, wieder zu vereinen. Genauso will Edelman die modernen Ergebnisse und Theorien der Neurowissenschaften bündeln. Über weite Strecken entspricht sein Werk einem Kompendium wissenschaftlicher Mehrheitsmeinung: Gene und Umwelt prägen das Geschehen im Kopf. Nervenzellen wandern, lassen sich

an ihrem angestammten Platz nieder, bilden Kontakte aus. Der darwinistische Kampf ums neuronale Überleben findet im Kortex, der Großhirnrinde, statt. Die Reize der Außenwelt lassen die Zahl der Verbindungen und ihre Stärke wachsen. Die Zellen schließen sich zu Gruppen zusammen, lösen sich wieder, um erneut zueinanderzufinden. „Dynamik" lautet ein Schlagwort für diesen immerwährenden Wandel im Kopf. Das Muster der Verbindungen und hektischen Aktivitäten im Gehirn repräsentiert die Außenwelt.

Christof Koch vergleicht das neuronale Theater mit den Lichtern an einem Weihnachtsbaum. Dann und wann blinken einige Kerzen im Gleichtakt, ein Muster entsteht. Im Gehirn ist dieses Muster etwa der Code für „Christstollen" oder „Krippe". Die hektisch flackernden Lichter aber verbreiten in Kochs Szenario keine besinnliche Ruhe. Marzipanduft und Mandelsplitter, Kinderchor und Kirche – sie alle existieren, glaubt man dem Neurobiologen, nur als wirres Trommelfeuer der Neuronen im Gehirn, als Chaos im Kopf. Doch wie lauten die Regeln hinter dem chaotischen Geschehen, und vor allem: Wo ist im Gewirr der Signale das Bewußtsein verborgen? Für Christof Koch, der zusammen mit dem DNA-Entdecker Francis Crick an einer Bewußtseinstheorie werkelt, steckt es in dem raumzeitlichen Muster der neuronalen Aktivitäten. Die Seele sei nichts anderes als die bewußte Wahrnehmung des Ich und seiner Umwelt.

Gerald Edelmans Überlegungen zielen in eine ähnliche Richtung. Andere Forscher haben dagegen ihre Probleme damit, etwas so Unvorhersehbares wie den Geist in einer Welt zu entdecken, die von feststehenden physikalischen Gesetzen beherrscht wird. Sie greifen auf den Bereich der Physik zurück, der die Unschärfe und Unbestimmbarkeit zur Regel erhoben hat: die Quantenmechanik.

Der englische Mathematiker Roger Penrose glaubt, quantenmechanische Phänomene in den Mikrotubuli, den Skelettmolekülen der Zelle, entdeckt zu haben. Begeistert unterstützt wird er dabei von dem Anästhesisten Stuart Hameroff. Schließlich müsse auch das Verhalten eines Einzellers gesteuert werden, der weder Nervenzellen noch ein Gehirn besitze, argumentiert der amerikanische Forscher. So postuliert er ein quantenmechanisches Rechennetzwerk innerhalb des neuronalen Netzes.

Auch der Australier John Eccles, neben Crick und Edelman der dritte Nobelpreisträger, der sich um eine Erklärung des Geistes müht, glaubt an solche Phänomene im Gehirn. Er aber meint, sie an den chemischen Schaltstellen der Nerven, den Synapsen, zu erkennen. Doch nicht die Quantenmechanik selbst ist für Eccles das Bewußtsein, er hält die physikalische Er-

scheinung lediglich für die Schaltstelle zwischen Gehirn und Geist. Eccles kehrt mit seiner Theorie einer Trennung der materiellen Welt vom Universum der Gedanken wieder zu Descartes zurück. Der hielt die Zirbeldrüse für die Schaltstelle zwischen greifbaren und unbegreifbaren Dingen. Während John Eccles mit seiner dualistischen Theorie einsam auf weiter Flur steht, nähern sich die Theorien anderer Wissenschaftler einander immer weiter an. Doch obwohl die Forscher gemeinsame Ziele verfolgen, vielleicht auch gerade deshalb, beherrschen heftige Grabenkämpfe die Expertenszene. (...)

Haupt- und Nebenaussagen sortieren

Manche Sachtexte machen es Ihnen leicht: Sie konzentrieren sich jeweils auf **ein klar umrissenes Problem**. Alle Bemühungen des Autors oder der Autorin zielen auf eine zentrale Frage, auf die dann allerdings verschiedene Antworten gegeben werden können. Schon bei der ersten Lektüre ist Ihnen klar, worum es im Kern geht. Vielleicht hat der Lehrer/die Lehrerin diesen Problemkern zusätzlich auch noch in der Aufgabenstellung hervorgehoben.

Aber es gibt auch andere Texte, die **ganze Problembündel** ansprechen. Und hier fällt es Ihnen vielleicht schwer, wichtige von weniger wichtigen Aussagen zu unterscheiden. Mit den folgenden Methoden können Sie dies trainieren.

Wegstreich-Methode

17 Lesen Sie den Text „Wie kommt die Welt in den Kopf?" auf S. 25 ff. noch einmal durch. Notieren Sie am Rand die Zeilenzählung.
Markieren Sie alle Sätze, die Ihrer Meinung nach keinen zentralen Aussagewert haben. Reduzieren Sie immer weiter, bis nur noch zehn bis fünfzehn Sätze übrig sind. Welche zentralen Aussagen lassen sich herausstellen?

18 Fügen Sie die zentralen Aussagen so zusammen, daß sich eine Inhaltsangabe ergibt. Achtung: Teilweise müssen Sie gedankliche Zusammenhänge herausarbeiten und Übergänge formulieren. Schreiben Sie die Inhaltsangabe auf.

Treppchen-Methode

19 Versuchen Sie, die wichtigsten Aussagen in eine Rangordnung zu bringen – wie bei einer Siegerehrung im Sport!

① Gibt es einen Satz, der logisch (fast) die gesamte Textausage umfaßt (Stufe 1)?

② Gibt es weitere Sätze, die ganze Abschnitte logisch umfassen (Stufe 2)?

③ Gibt es weitere Sätze, die gegenüber den anderen einen logisch untergeordneten Charakter haben (Stufe 3)?

20 Tragen Sie die Sätze ein. (In manchen Texten finden Sie keine Aussagen, die auf Stufe 1 eingetragen werden könnten.)

1. _____

_____

_____

2. _____   _____

_____

_____

_____

_____

3. _____   _____   _____

_____

_____

_____

_____

_____

_____

_____

3. Die Text-Struktur durchschauen

Bisher haben Sie den **Inhalt** von Sachtexten betrachtet. Wenn Sie einen solchen Text durcharbeiten, können Sie außerdem seine **Struktur** erfassen. Die folgenden Beispiele für Markierungen machen Ihnen klar, um was es gehen könnte.

Markierungstechniken

T	= These/Behauptung
Arg	= Argument
Erl	= Erläuterung
Bsp	= Beispiel
Zit	= unterstützendes Zitat
↓↑	= widersprüchliche Aussagen (Markierung an zwei Textstellen; die Pfeile sind aufeinander gerichtet)
rh	= Besonderheit der Aussageweise/rhetorische Figur

Wenn Sie bei der Lektüre eines Textes diese Unterscheidungen treffen, fällt es Ihnen leichter, das **inhaltliche Gerüst** des Textes, die **Hauptthesen**, herauszupräparieren. Alles andere (Argumente, Erläuterungen, Beispiele, unterstützende Zitate) ist später, wenn es in einer Klausur oder Hausarbeit darum geht, die Hauptaussagen des Textes darzustellen, von zweitrangiger Bedeutung.

21 Versehen Sie den Text „Wie kommt die Welt in den Kopf?" (S. 25 ff.) am Rand mit solchen Kürzeln, um die Struktur zu beschreiben.

Entscheidungen nachvollziehen

Falls von Ihnen erwartet wird, daß Sie die Machart eines Textes noch viel gründlicher betrachten, können Sie sich in dem folgenden Schema Hilfe holen. Dort finden Sie eine Fülle von Gesichtspunkten, die bei der Betrachtung eines Textes eine Rolle spielen können.
Einige der dabei verwendeten Fachbegriffe werden anschließend kurz erklärt. Sie erkennen sie am Sternchen[*].

Welche Entscheidungen muß ein Autor/eine Autorin treffen?

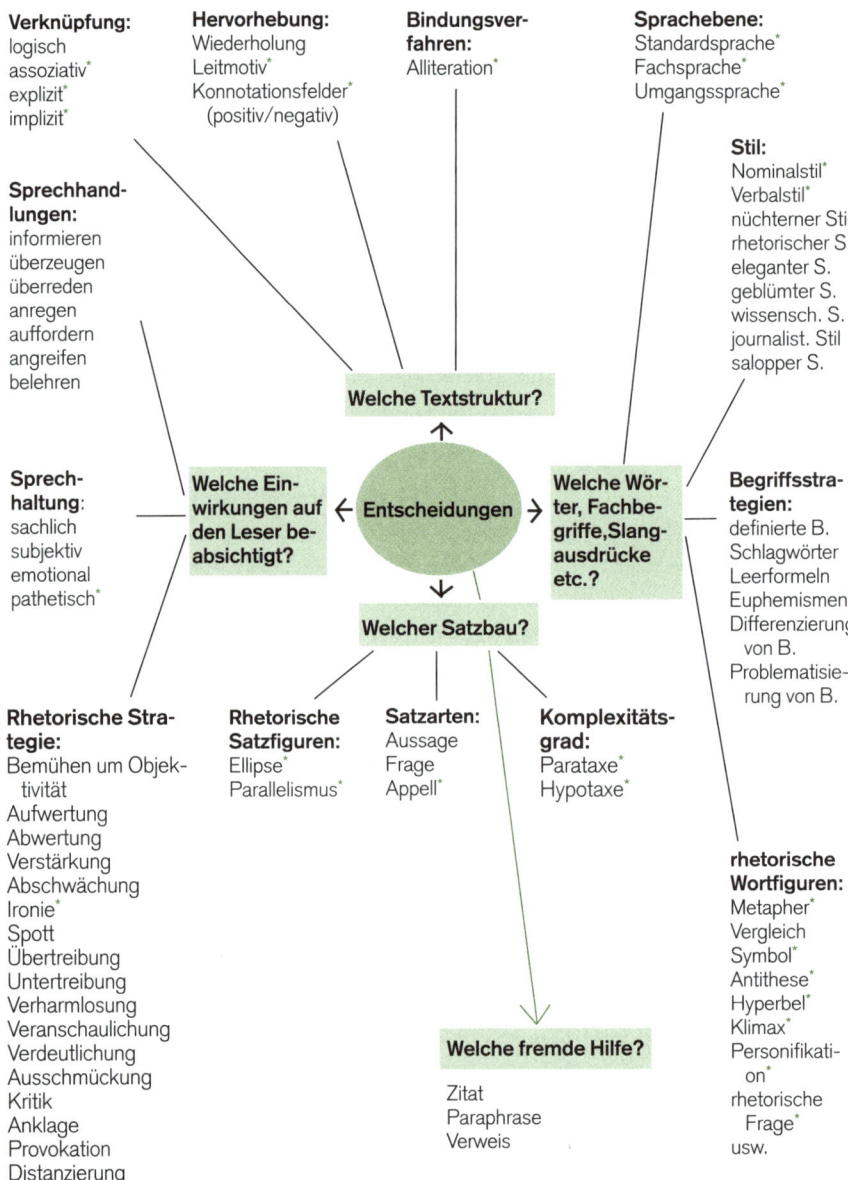

Verknüpfung:
logisch
assoziativ*
explizit*
implizit*

Hervorhebung:
Wiederholung
Leitmotiv*
Konnotationsfelder*
(positiv/negativ)

**Bindungsver-
fahren:**
Alliteration*

Sprachebene:
Standardsprache*
Fachsprache*
Umgangssprache*

Stil:
Nominalstil*
Verbalstil*
nüchterner Stil
rhetorischer S.
eleganter S.
geblümter S.
wissensch. S.
journalist. Stil
salopper S.

**Sprechhand-
lungen:**
informieren
überzeugen
überreden
anregen
auffordern
angreifen
belehren

**Sprech-
haltung:**
sachlich
subjektiv
emotional
pathetisch*

Welche Textstruktur?

**Welche Ein-
wirkungen auf
den Leser be-
absichtigt?**

Entscheidungen

**Welche Wör-
ter, Fachbe-
griffe, Slang-
ausdrücke
etc.?**

Welcher Satzbau?

**Begriffsstra-
tegien:**
definierte B.
Schlagwörter
Leerformeln
Euphemismen*
Differenzierung
   von B.
Problematisie-
   rung von B.

**Rhetorische Stra-
tegie:**
Bemühen um Objek-
   tivität
Aufwertung
Abwertung
Verstärkung
Abschwächung
Ironie*
Spott
Übertreibung
Untertreibung
Verharmlosung
Veranschaulichung
Verdeutlichung
Ausschmückung
Kritik
Anklage
Provokation
Distanzierung
Kontaktaufnahme
   mit dem Leser

**Rhetorische
Satzfiguren:**
Ellipse*
Parallelismus*

Satzarten:
Aussage
Frage
Appell*

**Komplexitäts-
grad:**
Parataxe*
Hypotaxe*

**rhetorische
Wortfiguren:**
Metapher*
Vergleich
Symbol*
Antithese*
Hyperbel*
Klimax*
Personifikati-
   on*
rhetorische
   Frage*
usw.

Welche fremde Hilfe?

Zitat
Paraphrase
Verweis

Begriffserklärungen:

Alliteration	gleichlautender Anfangsbuchstaben mehrerer Wörter („Kind und Kegel")
Antithese	Kombination von Gedanken o. Begriffen, die im Gegensatz zueinander stehen („Himmel und Hölle")
Appell	Aufruf, Aufforderung
assoziativ	auf ausdrückliche logische Signale verzichtend, über (unausgesprochene) gedankliche Brücken verbunden
Ellipse	Auslassung von Wörtern eines Satzes, die für das Verständnis nicht unbedingt notwendig sind; verkürzter Satz
Euphemismus	beschönigende Umschreibung („Erlebensfall" für „Tod" bei Lebensversicherungen)
explizit	ausdrücklich, ausführlich dargestellt
Fachsprache	Sprache, die in einer fachlichen Disziplin (z.B. der Psychologie) entstanden ist
Hyperbel	übertreibende Redeweise
Hypotaxe	Satzgefüge oder Schachtelsatz
implizit	mitgemeint, aber nicht ausdrücklich gesagt
Ironie	Redeweise, bei der das Gegenteil des Gesagten gemeint ist („ja, super", um Verärgerung auszudrücken)
Klimax	sich steigernde Reihung von Sätzen oder Satzteilen
Konnotation	mit einem Wort verbundene zusätzliche Vorstellung („stark" als Konnotation zu „Löwe")
Leitmotiv	in einem Text öfter wiederkehrende Aussage im gleichen (oder annähernd gleichen) Wortlaut; Motiv mit einer oft symbolischen (s.u.) Bedeutung
Metapher	Verwendung eines Begriffes im übertragenen Sinn („auf die Nase fallen" für „Mißerfolg haben")
Nominalstil	Verwendung von Nomen, wo Verben benutzt werden könnten
Parallelismus	Wiederholung derselben Reihenfolge von Satzteilen in zwei aufeinanderfolgenden Sätzen
Parataxe	Folge von Hauptsätzen (ohne Nebensätze)
pathetisch	leidenschaftlich, (übertrieben) feierlich darstellend (Nomen: Pathos)
Personifikation	Vermenschlichung von Gegenständen, Naturerscheinungen usw.
rhetorische Frage	Frage, auf die keine Antwort erwartet wird; soll den Angesprochenen zur Zustimmung bewegen

Standardsprache	allgemeinverbindliche Sprachform, die Sprecher von Umgangssprache, Mundarten, Fach- und Gruppensprachen (z. B. der Jugendsprache) gemeinsam haben
Symbol	Verwendung eines Begriffes gleichzeitig im eigentlichen und im übertragenen Sinn (eine Rose, die zugleich „Liebe" ausdrücken soll)
Umgangssprache	mündliche Sprachform; in Grammatik, Wortwahl etc. eher nachlässig und undifferenziert
Verbalstil	Sprachstil, bei dem Verben oft Nomen ersetzen („weil er feige war" statt „aus Feigheit")

22 Wenden Sie einige dieser Begriffe auf den Text „Wie kommt die Welt in den Kopf?" auf S. 25 ff. an. Bestimmen Sie.

① „Marzipanduft und Mandelsplitter"; „von Hegel und Hölderlin":

_____

② „jonglieren die Forscher mit Modebegriffen"; „wirres Trommelfeuer der Neuronen im Gehirn"; „heftige Grabenkämpfe":

_____

③ „So ähneln die Neurowissenschaftler jenen Slapstick-Komödianten, die sich nach ihrem herabgefallenen Hut bücken …";
„Wie ein moderner Prediger …"

_____

④ „ … die Aristoteles vorher so säuberlich getrennt hatte, wieder zu vereinen";
„… einsam auf weiter Flur steht, nähern sich die Theorien anderer Wissenschaftler immer weiter an":

_____

23 Schauen Sie noch einmal die **sprachlichen Mittel** an, die Sie in Aufgabe 22 erarbeitet haben. Ordnen Sie diesen Mitteln dann eine der auf S. 30 aufgeführten **rhetorischen Strategien** zu.

sprachliches Mittel	rhetorische Strategie
① _____	_____
② _____	_____
③ _____	_____
④ _____	_____

24 Verbinden Sie mit Pfeilen, was zueinander gehört.

sprachliche Phänomene	vermitteln den Eindruck von:
Fremdwort wie „Paradigma"	ironische(r) Distanz
Neologismus (Wortneu-schöpfung wie „TV-Trailer")	Bildung und Belesenheit
Archaismus (veralteter Aus-druck wie „Zunft")	Aktualität
fremdsprachliche Zitate („Cogito ergo sum")	Problemverleugnung
Euphemismus	Wichtigkeit

25 Notieren Sie fachsprachliche Wörter, die im Artikel „Wie kommt die Welt in den Kopf?" im vorletzten Absatz vorkommen.

_____

_____

_____

_____

26 Notieren Sie aus dem ersten Abschnitt des Artikels einen Satz in der Standardsprache.

_____

_____

_____

_____

27 Der Text „Wie kommt die Welt in den Kopf?" erschien in einer Wochenzeitung. An welche Leserinnen und Leser richtet er sich?

_____

_____

_____

_____

28 Warum verwendet der Autor neben der Fachsprache intensiv die Standardsprache?
Der Autor will _____

_____

_____

4. Über den Text hinausblicken

Meist lassen sich Texte besser verstehen, wenn man darüber nachdenkt,
– wer der Verfasser/die Verfasserin ist,
– inwiefern der Text durch Zeitumstände geprägt ist und
– in welchem Umfeld der Text steht.
Allerdings können Sie solche Fragen nur dann klären, wenn Sie – z.B. im Rahmen einer Unterrichtsreihe – entsprechende Angaben erhalten haben. Oft werden Ihnen nur wenige Informationen über den Verfasser/die Verfasserin zur Verfügung stehen. Aber auch die helfen schon weiter.

Zur Absicht des Autors/der Autorin

Wenn Sie einen Text erhalten, werden – direkt oder indirekt – oft kurze Informationen darüber mitgeliefert, welcher Berufsgruppe der Autor/die Autorin angehört. Solche Informationen sind wichtig; denn Verfasser aus unterschiedlichen beruflichen Feldern verfolgen mit ihren Texten ganz unterschiedliche Ziele.

29 Legen Sie die folgende Liste bei Ihrer nächsten Hausarbeit, die Sie zu schreiben haben, neben Ihr Arbeitsblatt. Kreuzen Sie an, um welche Art von Verfasser/in es sich handelt. (Bei manchen Autoren und Autorinnen können Sie mehrfach ankreuzen.) Notieren Sie selbst eine Berufsbezeichnung, wenn von den angegebenen keine paßt.

Der Autor/Die Autorin ist:	Ziele, die er/sie hier verfolgt:								
	a.	b.	c.	d.	e.	f.	g.	h.	i.
❏ Wissenschaftler/in									
❏ Journalist/in									
❏ Schriftsteller/in									
❏ Politiker/in									
❏ Sachbuchautor/in									
❏									
❏									

30 Überlegen Sie dann, welche Absichten der Autor/die Autorin wohl mit dem Text verfolgt.

> a. das Verhalten anderer beeinflussen
> b. Informationen an andere weitergeben
> c. eine Theorie begründen und vertreten
> d. andere von der Richtigkeit einer Meinung überzeugen
> e. die eigene Darstellungskunst demonstrieren
> f. andere Theorien kritisieren
> g. Interesse für etwas wecken
> h. etwas möglichst anschaulich darstellen
> i. Meinungen anderer negativ erscheinen lassen

31 Können Sie dem Text weitere Absichten entnehmen?

32 Formulieren Sie ein paar Sätze zu dem Autor des Textes „Wunderdroge aus der Zirbeldrüse" auf S. 18f. und zu den Zielen, die der Autor mit diesem Text offensichtlich verfolgt.

Der Autor gehört offensichtlich der Berufsgruppe der _____

_____ an.

Mit seinem Text verfolgt er das Ziel, _____

_____

Außerdem will er offensichtlich _____

_____

Das ergibt sich aus einigen Strukturmerkmalen des Textes; denn der Autor hat

_____

_____

_____

_____

Zur Entstehungszeit

Die Zeitumstände, unter denen ein Text entstanden ist, geraten leicht aus dem Blick. Stammt der Text aus der Gegenwart, so fehlt oft die nötige Distanz, um Zeitkolorit zu entdecken. Und ist der Text bereits einige Jahrzehnte oder gar Jahrhunderte alt, so kann man die Zeitumstände oft nur noch schwer rekonstruieren.

Das aber ist wichtig, um den Stellenwert des Textes, die Haltung des Autors/der Autorin, Anspielungen im Text oder auch strukturelle Besonderheiten verstehen zu können.

33 Nutzen Sie den Ideenstern, um zu einem Text, den sie kommentieren sollen, weitere Gedanken zusammenzutragen.

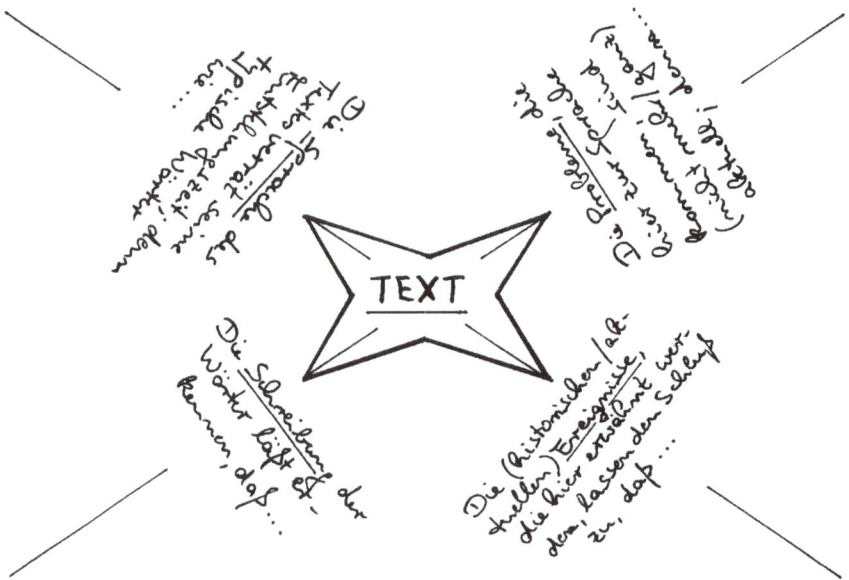

Zum Umfeld des Textes

Texte stehen oft in einem Umfeld anderer Texte, die Ihnen vielleicht bereits bekannt sind und die dabei helfen können, den Text, um den es geht, **einzuordnen**. Oft greifen Sachtexte in einen wissenschaftlichen oder gesellschaftlichen **Streit** ein. Ist dies bei einem Text der Fall, dann können Sie den folgenden Kasten mit Fragen zu Rate ziehen.

> ♦ Mit welchen Gegenpositionen setzt sich der Verfasser/die Verfasserin auseinander?
> ♦ Wie behandelt er/sie die Argumente anderer?
> ♦ Räumt der Verfasser/die Verfasserin der Gegenseite viel Platz ein?
> ♦ Nennt er/sie zuerst die Argumente der Gegenseite oder die eigenen? Warum?
> ♦ Von wem holt sich der Verfasser/die Verfasserin Unterstützung?
> ♦ Welche Argumente übernimmt er/sie von anderen, um seine/ihre Position zu stützen?

Auch **nüchterne** Sachtexte können sprachliche Mittel enthalten, mit denen **Wertungen** vorgenommen werden. Adjektive, Verben und Substantive haben neben ihrer Sachaussage oft auch einen abwertenden oder aufwertenden Zusatzeffekt. Solche wertenden Textelemente drücken nicht nur die Einstellung des Autors/der Autorin aus. Oft soll auch der Leser/die Leserin für oder gegen etwas eingenommen werden.

34 In dem Text „Wunderdroge aus der Zirbeldrüse" auf S. 18 f. sind wertende Textelemente enthalten. Markieren Sie in den folgenden Sätzen jeweils dasjenige Wort, aus dem sich eine wertende Absicht des Autors Ihrer Meinung nach am deutlichsten ergibt.
① „Melatonin Mania" kommentiert die Newsweek das verrückte Treiben.
② Erst die Medien sorgten mit reißerischen Meldungen dafür, daß die Apotheker in den vergangenen Tagen ihr Wunder mit dem „Wundermittel" erlebten.

35 Würden Sie die folgenden Sätze eher der linken oder eher der rechten Seite zuordnen? Kreuzen sie an.

durchgängig neutrale Sachaussage		enthält Formulierungen mit wertendem Charakter
❏	① Melatonin (…) ist ein körpereigenes Hormon und wird beim Menschen in der Zirbeldrüse, der Epiphyse, gebildet.	❏
❏	② Der französische Philosoph René Descartes vermutete hier gar den Sitz der Seele.	❏
❏	③ Bei Säugetieren ist diese offensichtliche anatomische Übereinstimmung verlorengegangen.	❏
❏	④ Achtzig Prozent einer von Sahelian betreuten Fangemeinde, die im Internet über die Wirkungsmächte des „Wundermittels" diskutiert, schlummert nach Einnahme des Hormons leichter ein.	❏

36 Schauen Sie noch einmal die in Aufgabe 35 zusammengestellten Sätze an. Unterstreichen Sie alle Wörter und sonstigen Textsignale, mit denen sich der Autor spöttisch von etwas distanziert.

37 Unterstreichen Sie auch in dem Textauszug auf S. 23 alle Wörter, die Ihrer Meinung nach einen wertenden Charakter haben.

C Über Sachtexte schreiben: Organisations- und Formulierungshilfen

Wenn Sie eine Klausur oder Hausaufgabe über einen Sachtext schreiben sollen, dann müssen Sie den Text zunächst meist angemessen **wiedergeben**. In einem zweiten Schritt werden Sie dann in der Regel aufgefordert,
– einen in dem Text dargestellten Sachverhalt **in einen** (theoretischen) **Zusammenhang** einzuordnen und/oder
– selbst zu den Fragen **Stellung zu beziehen**, die in dem Text aufgeworfen werden.
Bevor Sie sich in die Bearbeitung des Textes stürzen, sollten Sie sich zunächst klarmachen, welche einzelnen Denkoperationen von Ihnen verlangt werden. (Anregungen zur **Klärung der Aufgabenstellung** finden Sie auf S. 38 bis 42.)
Die Aufgaben müssen Sie dann **sachlich bewältigen** (dazu müssen Sie sich in Ihrem Fach sachkundig machen). Die Anregungen und Übungen auf den folgenden Seiten helfen Ihnen, Ihre Arbeit zu **strukturieren** und sie **sprachlich zu bewältigen**.

1. Die Aufgabenstellung erfassen

Die folgenden Übungen sollten Sie sich besonders dann vornehmen, wenn Sie unter Ihren Klausuren ab und zu beurteilende Bemerkungen wie „Aufgabenstellung verfehlt!" oder „Aufgabenstellung genauer beachten!" finden.

Die drei häufigsten Aufgabentypen

In Klausuren treten im Prinzip folgende drei Anforderungstypen auf, und zwar meist in dieser Reihenfolge.

A   Informationen und Positionen **a**nderer wiedergeben.

E   Im Unterricht erworbenes Wissen nutzen, um etwas **e**inzuordnen.

U   Ein eigenständiges **U**rteil formulieren.

Viele Klausuren werden deswegen schlecht bewertet, weil Sie diese drei Typen von Aufgaben nicht auseinanderhalten können und in Ihrer Darstellung z.B. nicht deutlich machen, ob Sie gerade
– die Meinung eines anderen wiedergeben oder ob Sie
– eine eigene Position formulieren.

 Machen Sie sich schon in den allerersten Minuten Ihres Arbeitsprozesses klar, in welchen Teilen des Klausurtextes eine **Textwiedergabe** und wo Ihre **eigene Meinung** unterzubringen ist.

1 Untersuchen Sie die folgenden Arbeitsaufträge für Klausuren.

Tragen Sie den Buchstaben **A** ein, wenn Sie meinen, daß Sie hier Informationen oder Positionen **anderer** wiedergeben sollen (z.B. die eines Textautors, eines Kartographen usw.).

Tragen Sie den Buchstaben **E** ein, wenn Sie meinen, daß Sie hier ihr Wissen nutzen sollen, um etwas **einzuordnen**.

Tragen Sie den Buchstaben **U** ein, wenn Sie meinen, daß das eigene **Urteil** oder die eigene **Meinung** erwartet wird.

a) ____ <u>Kennzeichnen</u> Sie die Aussage von Walter Jens,

b) ____ und <u>versuchen Sie die Frage zu beantworten</u>, mit der der Textausschnitt endet.

c) ____ <u>Analysieren</u> Sie die drei Möglichkeiten des Streitens <u>nach</u> K. Lewins Erziehungsstilkonzept.

d) ____ Begründen Sie, wieso G's Methode einem dieser Erziehungsstile <u>zugeordnet</u> werden könnte.

e) ____ <u>Diskutieren</u> Sie, welcher Unterrichtsstil in den Klassen 5 bis 6 <u>wünschenswert</u> wäre.

f) ____ <u>Kennzeichnen</u> Sie Piscators zentrale These zur Situation der Zeit,

g) ____ und <u>problematisieren</u> Sie auf diesem Hintergrund den Begriff des „revolutionären Dichters".

h) ____ <u>Beschreiben</u> Sie anhand der Karten die Struktur des heutigen Stadtkerns von Dortmund.

i) ____ Stellen Sie den Funktions- und Strukturwandel des Stadtkerns auf dem Hintergrund Ihrer <u>Kenntnisse</u> der Industrialisierung dar.

j) ____ <u>Bewerten</u> Sie den Strukturwandel im Hinblick auf den Wohnwert.

k) ____ <u>Zeigen</u> Sie, welche pragmatischen und prinzipiellen Gründe Kant in diesem Text gegen das Recht zum Lügen geltend macht.

l) ____ <u>Setzen</u> Sie diese Gründe <u>in Beziehung</u> zu der Ihnen bekannten Lehre vom kategorischen Imperativ.

m) ____ <u>Werten</u> Sie die Textaussagen <u>von einem ethischen Ansatz Ihrer Wahl her</u> im Hinblick auf ihre praktischen Konsequenzen.

n) ____ <u>Stellen</u> Sie die Beobachtungsergebnisse der beiden Experimente <u>dar</u>.

o) ____ Beschreiben Sie den Verlauf der beiden erhaltenen Graphen, und <u>deuten</u> Sie die Befunde <u>im Zusammenhang mit</u> ihrer Vorstellung über die Wirkungsweise von Enzymen.

2 Unterstreichen Sie in den folgenden Aufgabenstellungen jeweils zwei, drei oder höchstens vier Wörter, die für Sie eine Zuordnung zu **A** (Wiedergabe der Informationen **a**nderer), **E** (**E**inordnung mit Hilfe eigenen Wissens) oder **U** (eigenes **U**rteil bzw. eigene Meinung) erlauben. Achtung: Manchmal müssen Sie einer Aufgabe zwei Buchstaben zuordnen!

a) ____ Wie begründet Wilson den Kriegseintritt der USA?

b) ____ Vergleichen Sie seine Beurteilung mit dem Ihnen bekannten Plan, einen Völkerbund zu schaffen.

c) ____ Welche Probleme sehen Sie für den Aufbau einer friedlich organisierten Staatenwelt nach dem Versailler Vertrag?

d) ____ Beschreiben und erklären Sie die Verteilung der tunesischen Bevölkerung mit Hilfe Ihnen bekannter Erklärungsansätze.

e) ____ Geben Sie an, in welchen wirtschaftlichen und sozialen Bereichen Tunesiens Ihrer Meinung nach besondere Probleme auftauchen könnten.

f) ____ Beschreiben Sie die den beiden Tabellen zugrunde liegenden Versuchsabläufe.

g) ____ Erläutern Sie die Funktion der einzelnen Arbeitsschritte.

h) ____ Bewerten Sie die beiden Versuchstypen hinsichtlich ihrer Aussagekraft.

i) ____ Erläutern Sie die Aussagen Heideggers in diesem Text.

j) ____ Konfrontieren Sie Heideggers Auffassung mit einem anderen Verständnis der wissenschaftlich-technischen Welt.

k) ____ Welchen Aussagewert haben Ihrer Meinung nach die Überlegungen Heideggers für die Klärung der Probleme, vor die sich die technische Zivilisation gestellt sieht?

3 Überlegen Sie, was der Lehrer/die Lehrerin mit den drei Aufgabentypen wohl überprüfen will. Ordnen Sie wieder
A (Wiedergabe der Informationen **a**nderer),
E (**E**inordnung mit Hilfe eigenen Wissens) oder
U (eigenes **U**rteil/eigene Meinung) zu.

❏   Ob ich Beurteilungsmaßstäbe zur Bewertung eines Sachverhalts/einer Aussage habe.

❏   Ob ich die zentralen Begriffe des Textes verstehen und in eigenen Worten erklären kann.

❏   Ob ich das Wissen, das wir im Unterricht erworben haben, auf einen mir fremden Sachverhalt anwenden kann.

❏   Ob ich die Grundannahmen des Autors/der Autorin verstehen und mit anderen Worten wiedergeben kann.

❏   Ob ich mich mit einem Sachverhalt argumentativ auseinandersetzen kann.

❏   Ob ich theoretische Ansätze, die wir im Unterricht erarbeitet haben, zur Klärung von Sachverhalten verwenden kann.

Verschiedene Aufgaben – verschiedene sprachliche Mittel

Wenn Ihnen klar ist, welcher Aufgabentyp Ihnen vorliegt, dann müssen Sie den Unterschied nicht nur inhaltlich, sondern auch sprachlich bewältigen.

4 Ordnen Sie zu (einige sprachliche Mittel können für mehrere Aufgabentypen verwendet werden):

Aufgaben-typ I:	Aufgaben-typ II:	Aufgaben-typ III:	Benötigte sprachliche Mittel:
Möglichst genaue Wie-dergabe von Textausagen (Äußerungen eines anderen)	Einordnung einer Text-aussage in einen größeren Zusammen-hang	Kritische Auseinander-setzung mit einem Text; Darstellung eines eigenen Urteils/einer eigenen Mei-nung	
			„Es ist unbestreitbar, daß..."
			„Vor diesem Hinter-grund ..."
			„Der Autor führt aus, daß ..."
			Zitat
			indirekte Rede
			Zeilenhinweis
			Konjunktiv I und II[1]
			Paraphrase[2]
			Fünfsatz-Argumentation[3]

1 Zum Konjunktiv der indirekten Rede (Konjunktiv I und II) können Sie S. 100 ff. nachschlagen.
2 Paraphrase: sinngemäße Zusammenfassung eines Textes, zum Beispiel aus dem Gedächtnis.
3 Fünfsatz: Aufbau einer Argumentation in fünf Schritten, bei der z.B. in einem ersten Satz eine Behaup-tung aufgestellt bzw. ein Vorschlag gemacht wird, in einem dreischrittigen Mittelteil Argumente und/oder Beispiele entfaltet werden und in einem Schlußsatz ein Fazit gezogen wird.

5 Wählen Sie eines der folgenden Aufbau-Schemata für einen Fünfsatz aus, und schreiben Sie mit Hilfe dieses Schemas eine kurze Stellungnahme zu der Frage, wie die Trailer-Werbung für nicht jugendfreie Fernsehsendungen geregelt werden sollte (vgl. Sie den Text „TV-Trailer ...", S. 16 f.).

dialektischer Aufbau

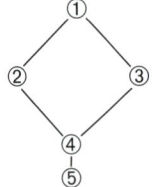

① Besonders Eltern könnten fordern, daß ...
② Für eine solche Regelung spricht ...
③ Dagegen kann man einwenden, daß ...
④ Vergleicht man beide Positionen, dann ...
⑤ So ergibt sich für mich die Schlußfolgerung, daß ...

Argumentationskette

① Die Forderung, daß ..., scheint mir problematisch zu sein.
② Man muß nämlich bedenken, daß ...
③ Der bessere Weg könnte sein, ...
④ Dann würde ...
⑤ Mein Fazit lautet also: ...

Kompromißversuch

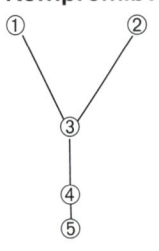

① Die einen fordern, daß ...
② Es gibt aber auch eine andere Position, nämlich ...
③ Beide Positionen treffen sich in einem Punkt: ...
④ Hier könnte eine Lösung liegen, denn...
⑤ Als Ergebnis meiner Überlegungen läßt sich festhalten: ...

2. Einen Arbeitsplan aufstellen

Der Arbeitsplan dient dazu, in Ihrem Kopf alle wichtigen Steuerungen vorzunehmen, bevor Sie sich in Einzelheiten stürzen und dabei evtl. den Überblick verlieren. Ein Arbeitsplan hilft,

- den Arbeitsprozeß genau auf die Aufgabenstellung auszurichten,
- sich nicht in Dinge zu verrennen, die gar nicht gefordert sind,
- fachliche Kenntnisse direkt am Anfang einer Klausur zu mobilisieren und festzuhalten,
- Gedanken rechtzeitig und damit zeitsparend zu sortieren und zu planen, worauf Sie wieviel Zeit verwenden wollen.

Drei Dinge sollten Sie sich vor Beginn der Arbeit klarmachen:

Verlangte Aufgabentypen

Vergewissern Sie sich anhand der Aufgabenstellung, ob Sie die Denkoperationen, die von Ihnen verlangt werden, richtig erfaßt haben. Am besten notieren Sie sich die wichtigsten Formulierungen aus der Aufgabenstellung in einem Plan (s.u.).

Gefragtes Hintergrundwissen

Machen Sie sich klar, welche fachlichen Fertigkeiten, Fachbegriffe, Theorieansätze etc. Sie brauchen, um die Aufgabe zu lösen. Notieren Sie alles stichpunkthaft, damit Sie später in der „heißen" Schreibphase nicht wichtige Dinge vergessen.

Angaben zur Ausführlichkeit

In Arbeitsaufträgen finden Sie oft Angaben über den Grad der Ausführlichkeit, der von Ihnen erwartet wird. Zum Beispiel finden Sie den Arbeitsauftrag: „Geben Sie die von Rahner vertretenen Positionen thesenartig wieder." Hier wird eine knappe und zusammenfassende Wiedergabe von Ihnen erwartet.

Tragen Sie in Ihren Zeitplan ein, was in Kürze und was ausführlich erledigt werden soll. Wenn Sie diese Selbststeuerung vergessen, verwenden Sie auf manche eher nebensächlichen Dinge vielleicht so viel Energie, daß für wichtige andere Aufgaben kaum noch Zeit bleibt.

Nutzen Sie für Ihre Zeitplanung Formulierungen wie:

kurz/knapp
im Überblick
thesenartig
ausführlich/detailliert
im einzelnen

Ein Beispiel soll Ihnen zeigen, wie ein Arbeitsplan insgesamt aussehen könnte. Es gilt für folgende Aufgabenstellung:

1. Stellen Sie die Verfassung Straßburgs von ca. 1200 kurz verbal und die von 1334 graphisch dar! Vergleichen Sie die beiden Verfassungen im einzelnen!
2. Zeigen Sie, inwieweit die Entwicklung in Straßburg für mittelalterliche Städte „typisch" ist!
3. Beurteilen Sie die Entwicklung unter den Aspekten „Demokratisierung" einerseits und „Herrschaftssicherung" andererseits.

Ein Arbeitsplan könnte so aussehen:

Verlangte Operationen	Gefragtes Fachwissen	Eher knapp o. ausführlich?	Zeitschätzung
1. Teilaufgabe *darstellen/ wiedergeben (verbal und graphisch)*	*Fachbegriffe z.B.: Feudalherrschaft Lehen/Lehensstaat Kaiser Bischofsherrschaft Investitur Vogt Ständestaat städt. Bürgertum Patrizier, Zünfte etc.*	*knapp*	*1/2 Std.*
vergleichen/ gegenüberstellen	*s.o.*	*ausführlich*	*ca.1 Std.*
2. Teilaufgabe *zeigen/ nachweisen*	*Verfassungsgeschichte mittelalt. Städte Wichtige Sachaspekte z.B.: hierarchische Herrschaft nach Lehensrecht Stadtherrschaft des Bischofs Gleichheit vor Gericht für Arm und Reich später mehr Einfluß der Landstände Stadtherren- und Zunftregiment usw.*	*ausführlich*	*ca.1 Std.*
3. Teilaufgabe *beurteilen/ werten*	*Theorien politischer Herrschaft und Demokratie- konzepte (Konzepte der Volksherrschaft Herrschaftsbegrenzung durch Menschenrechte*	*ausführlich*	*1 Std.*

Gleichheit vor dem Gesetz		
Gewaltenteilung		
Wahlrecht etc.		
Korrekturen		*1/2 Std.*

 Auch wenn Sie am Anfang einer Klausur das Gefühl haben sollten, daß die Zeit Ihnen davonläuft: Nehmen Sie sich die paar Minuten, und denken Sie über Ihre Arbeitsplanung nach. Bei guter Planung holen Sie die Zeit schnell wieder herein. Merken Sie sich die drei Stichworte. Oder noch besser: Fragen Sie, ob Sie eine Kopie des folgenden Vordrucks bei der nächsten Klausur verwenden dürfen.

Verlangte Operationen	Gefragtes Fachwissen	Eher knapp o. ausführlich	Zeitschätzung
1. Teilaufgabe			
2. Teilaufgabe			
3. Teilaufgabe			
Korrekturen			

3. Den eigenen Text einleiten: die wirkungsvollsten Techniken

Aller Anfang ist schwer. Wer sich schon im allerersten Satz verhaspelt, schreibt mit schlechter Laune weiter. Dabei dürfte es gar nicht so schwer sein, einen Einstieg ins Schreiben zu finden, wenn man nur ein paar Regeln beachtet.

Der erste Satz

 Achtung! Wenn es ein guter Aufsatz sein soll, dann
– darf der erste Satz sich nicht auf die Überschrift beziehen („Zu diesem Thema ist zu sagen, daß ...", „Dazu schreibt Mayer in seinem Text, daß ...");
– darf der Einleitungssatz wichtige Informationen zur Sache oder zum Text nicht einfach voraussetzen.

☞ Sollen Sie über einen Text schreiben, dann machen Sie im allerersten Satz ein paar konkrete Angaben, die ganz schnell zu beschaffen sind, und zwar diese:

♦ Titel	*In ihrem Aufsatz „Mediokratie", der*
♦ Quelle (wenn möglich)	*1994 in der Zeitschrift „XYZ" erschien,*
♦ Autor/in	*befaßt sich Susanne Schneider*
♦ Thema	*mit der Frage, inwiefern unsere Gesellschaft inzwischen von den Medien gesteuert wird.*

Die meisten dieser Angaben finden Sie normalerweise auf Ihrem Arbeitsblatt oder in der Aufgabenstellung vor. Am schwierigsten sind sicherlich **Angaben zum Thema**, denn dieses hat Ihnen in der Regel noch keiner vorformuliert.

6 Schreiben Sie einen möglichen Einleitungssatz zu einem Aufsatz, der sich befassen soll mit (Quellenangabe siehe S. 110):
① dem Text „TV-Trailer ..." auf S. 16 f.: _____

_____

_____

_____

② dem Text „Wie kommt die Welt in den Kopf?" auf S. 25 ff.: _____

_____

_____

③ diesem Buch: _____

_____

_____

_____

_____

Nach einem Einleitungssatz kann ein weiterer einführender Abschnitt folgen. Hier gibt es verschiedene Möglichkeiten. Sie müssen selbst entscheiden, ob Sie eine der folgenden Techniken anwenden wollen.
Achtung! Nicht jede Technik paßt zu jeder Aufgabenstellung!

Zitat

7 Angenommen, Sie sollen eine Buchbesprechung schreiben zu dem Buch, in dem Sie gerade arbeiten. Suchen Sie in den Notenbegründungen unter Ihren letzten Klausuren einen Satz, den Sie zitieren könnten, um in eine Besprechung einzuleiten. Führen Sie den Gedanken dann fort.

_____

_____

Solche und ähnliche Bemerkungen finden sich zu Hunderten unten den Klausuren geplagter Schülerinnen und Schüler. Das Zitat macht deutlich, wie wichtig es

ist, _____

_____

_____

Aktuelles Ereignis

8 Erinnern Sie sich an einen Vorfall aus neuerer Zeit, den Sie inhaltlich gut auf den Text „TV-Trailer ..." auf S. 16 f. beziehen können. Ergänzen Sie.
Das Thema ist von aktueller Bedeutung. Vor kurzem konnten die Zuschauerinnen und Zuschauer im Fernsehen z.B. sehen, wie

_____

_____

_____

_____

Das zeigt, wie wichtig es ist, die Frage zu klären, ob/inwiefern/wann _____

_____

_____

9 Schreiben Sie nun auch eine ähnliche Einleitung zu dem Text „Wunderdroge aus der Zirbeldrüse" auf S. 18 f.

Fragen-Kette

Es gibt eine weitere Möglichkeit, einen Aufsatz einzuleiten: Sie schauen sich den Text, über den Sie schreiben sollen, noch einmal genau an. Die Aspekte, die in dem Text angesprochen werden, erfassen Sie in einer Reihe von Fragen. Es sollten allerdings echte – offene – Fragen sein. Die Aussagen des Textes sollten noch nicht vorweggenommen werden. Diese Art der Einleitung ist relativ schwierig, kann aber sehr spannend sein.

10 Setzen Sie die folgende Reihe von Fragen fort, die den Text „TV-Trailer ..." auf S. 16 f. erschließen sollen.
Aus welchen früheren Programmelementen haben sich die TV-Trailer entwickelt? Welchen Umfang hat die Trailer-Werbung im Fernsehen inzwischen angenommen?

_____

_____

_____

_____

Dies sind zentrale Fragestellungen, mit denen sich der Text von Dieter Deul befaßt.

11 Ordnen Sie jetzt auch dem Text „Wie kommt die Welt in den Kopf?" auf S. 25 ff. eine Reihe von Fragen zu, die als Einleitung dienen könnten.
„Wie kommt die Welt in den Kopf?" Im Rahmen dieser übergreifenden Fragestellung schneidet Andreas Sentker eine Reihe von Einzelfragen an:

_____

_____

_____

_____

Definition eines wichtigen Begriffs

Oft wird in einem Text ein bestimmter Begriff immer wieder verwendet. Als Einleitung in Ihren Aufsatz können Sie versuchen, diesen Begriff kurz zu definieren. Ein solcher Arbeitsschritt schafft Klarheit in Ihrem Kopf und kommt Ihnen beim Fortgang des Schreibens sicher noch zugute. Allerdings ist eine Definition manchmal nicht ganz einfach.

12 Versuchen Sie es einmal. Definieren Sie den Begriff „Bewußtsein", der in dem Text „Wie kommt die Welt in den Kopf?" auf S. 25 ff. eine besondere Rolle spielt. Nutzen Sie dabei die folgende Denkhilfe.

Verwandter Begriff, der auszuschließen ist:	*Bewußtsein*	Verwandter Begriff, der auszuschließen ist:
Seele	**Begriff, um den es geht**	*Kreativität*
	Oberbegriff *geistiges Phänomen*	
Unterscheidende Merkmale:	Merkmale:	Unterscheidende Merkmale:
im Kopf oder im Herzen	*im Kopf lokalisiert*	*Teilbereich des*
lokalisiert		*Bewußtseins*
materielos	*Produkt der Materie*	*(geistige Beweglichkeit)*
Gegenstand der	*Gegenstand der*	*Gegenstand der*
Theologie	*Biologie*	*Psychologie*
	Medizin	*Literatur- und*
	Psychologie	*Kunstwissenschaft*

Den **Oberbegriff** benötigen Sie im ersten Satz einer Definition. (Beispiel: Ein Verlag ist ein <u>Unternehmen</u> der Medienbranche, das ...).
Die **verwandten Begriffe** und die **unterscheidenden Merkmale** sollen Ihnen helfen, eine genaue Definition zu finden.

13 Schreiben Sie nun eine Definition. Für eine Einleitung in eine Hausarbeit oder Klausur könnten Sie diese Formulierungen verwenden:

> Der zentrale Gegenstand des Textes ist …
> Hierunter versteht man …, das …
> Im Unterschied zu … ist …
> Von … unterscheidet es sich dadurch, daß …

14 Schreiben Sie nun eine Definition des Begriffs „Hormon", der in dem Text „Wunderdroge aus der Zirbeldrüse" auf S. 18 f. eine Rolle spielt. Benutzen Sie dabei evtl. ein Biologiebuch.

Verwandter Begriff, der auszuschließen ist:

_____

_____

Begriff, um den es geht

Oberbegriff

_____

_____

Verwandter Begriff, der auszuschließen ist:

_____

Unterscheidende Merkmale:

Merkmale:

Unterscheidende Merkmale:

_____   _____   _____

_____   _____   _____

_____   _____   _____

_____   _____   _____

_____   _____   _____

_____   _____   _____

_____   _____   _____

_____   _____   _____

15 Und so können Sie die Definition in eine Hausarbeit oder Klausur einfügen:

Der Text operiert häufiger mit dem zentralen Begriff des _____

_____ Dabei handelt es sich um _____

_____

_____

_____

Anders als _____

_____

_____

_____

Bestimmter oder unbestimmter Artikel?

Ihr Text wirkt unprofessionell, wenn Sie am Anfang nicht klarmachen können, was Sie
– als bekannt voraussetzen und was Sie
– neu einführen wollen.

Sie wählen	
für etwas, das Sie als **bekannt** voraussetzen	**den bestimmten Artikel**
für etwas, über das Sie den Leser **neu informieren** wollen	**den unbestimmten Artikel**
für etwas, das Sie **zum zweiten oder dritten Mal erwähnen**	**meist den bestimmten Artikel**
Für eine Reihe von Fällen kann keine allgemeine Regel formuliert werden; hier handelt es sich um Stilfragen.	

Ungeübte Schreiber setzen am Anfang eigener Texte zu viel voraus – und verwenden zu oft den bestimmten Artikel. Hausarbeiten und Klausuren werden aber normalerweise für uninformierte Leser geschrieben. Wenn Lehrer/Lehrerinnen Klausuren korrigieren – und wenn sie dabei tatsächlich auf die Textform Wert legen –, dann versetzen sie sich beim Lesen Ihres Textes in die Rolle eines **uninformierten** Lesers. Das sollten Sie beachten!

16 Streichen Sie in dem folgenden Anfang einer Klausur diejenigen Artikel durch, die Sie an der jeweiligen Stelle für unpassend halten. Die Klausur bezieht sich auf den Text „TV-Trailer …" auf S. 16 f.
Überlegen Sie genau, welche Information Sie als Schreiber/Schreiberin als bekannt vorausetzen könnten.

Dieter Deul: „TV-Trailer sollen Zuschauer zur Folgesendung rüberziehen"

__Der/Ein__ Trailer ist __das/ein__ Element von Fernsehprogrammen, das für TV-Anstalten eine immer größere Bedeutung gewinnt. In __dem/einem__ Text „TV-Trailer sollen Zuschauer zur Folgesendung rüberziehen" stellt Dieter Deul dar, welche Ziele mit Trailern verfolgt werden, welche Kosten für diese Form der Eigenwerbung anzusetzen sind und wo die rechtlichen Grenzen für dieses Programmelement liegen. Schließlich geht es auch um die Frage, wie __der/ein__ Trailer im deutschen Fernsehen gestaltet wird.
Der Autor teilt mit, daß __der/ein__ Trailer __den/einen__ Vorläufer hatte: __den/einen__ Programmhinweis, eine ziemlich langweilige Veranstaltung. Inzwischen hat sich __der/ein__ Trailer zu __der/einer__ eigenständigen Kunstform entwickelt. (…)

17 Wie lauten die folgenden Regeln richtig? Streichen Sie das jeweils falsche Wort durch.

Wenn ein Sachverhalt in einem Aufsatz zum erstenmal erwähnt wird, verwendet man den **bestimmten/unbestimmten** Artikel.

Wenn ein Sachverhalt, der schon einmal erwähnt worden ist, erneut aufgegriffen wird, verwendet man den **bestimmten/unbestimmten** Artikel.

Bei der Erwähnung von Aufsatz- oder Buchtiteln verwendet man den **bestimmten/unbestimmten** Artikel.

4. Quellen und andere Texte richtig wiedergeben

Eine Hauptaufgabe in Ihren Klausuren ist es, **schriftlich nachzuweisen, daß Sie den vorgelegten Text genau verstanden haben**. Auch wenn es Ihnen gelungen ist, die Textaussage voll zu durchschauen: Ihre Denkleistung muß schriftlich niedergelegt werden, sonst ist sie in einer Klausur nichts wert. Und dabei sind einige Hürden zu überwinden. Die folgenden Übungen helfen Ihnen, diese Hürden zu nehmen.

Einige Tips zur Wiedergabe von Sachtexten

☐   Die Wiedergabe des Textes sollte im **Präsens** geschrieben werden.
☐   Der Text sollte möglichst **in eigenen Worten** wiedergegeben
      werden. Wörtliche Übernahmen von Formulierungen sollten auf
      Schlüsselwörter begrenzt bleiben.
☐   Bei der Textwiedergabe sollten eigene Kommentare zunächst
      zurückgestellt werden.
☐   Bei Zusammenfassungen kann die Gedankenfolge des Textes ver-
      ändert werden, wenn die Darstellung dadurch klarer wird.

---

18 Welche dieser Tips haben Sie bisher mißachtet? Kreuzen Sie an. Prägen Sie sich die angekreuzten Sachverhalte vor jeder Klausur noch einmal ein.

Im folgenden finden Sie Kästen mit Formulierungshilfen, die es Ihnen erleichtern,
– die Textart zu bestimmen,
– die Hauptaussagen genau wiederzugeben,
– den Aufbau (die Struktur) des Textes zu beschreiben.

 ♦ Legen Sie diese Formulierungshilfen bei Hausaufgaben regelmäßig neben Ihr
   Konzeptpapier.
 ♦ Machen Sie sich mit Hilfe der Überschriften in den Kästen klar, in welchem Sta-
   dium Ihres Aufsatzes Sie sich gerade befinden. (Eine klare Struktur ist wichtig!)
 ♦ Prüfen Sie während des Schreibens immer wieder, welche der Formulierungen
   Ihnen weiterhelfen könnten.

Nach einiger Zeit haben Sie die Strukturierungs- und Formulierungsmöglichkei-
ten in ihr eigenes Schreibkonzept integriert; dann können Sie auch in Klausuren
besser bestehen.

Die Textart bestimmen

Auf S. 34 f. haben Sie einige Anregungen bekommen, wie man die Absichten eines Textes erkennen kann. Wenn Sie vor einer konkreten Aufgabe stehen (zum
Beispiel vor einer Hausarbeit in Geschichte): Machen Sie sich zunächst klar, um
welchen Typ von Text es sich handelt. Ist er eher
– darstellend,
– kritisch wertend oder
– auffordernd (appellierend)?

Formulierungen, die Sie verwenden können:

... für darstellende Texte
Die Autorin <u>stellt</u> in ihrem Text folgenden Sachverhalt <u>dar:</u> ...
Die Autorin <u>informiert</u> über ...
Der Autor <u>legt sachlich dar</u>, daß ...
Der Text verhält sich in diesem Meinungsstreit (relativ) <u>neutral</u>; er will eher den
  <u>Reflexionshorizont des Lesers erweitern.</u>

... für kritisch wertende Texte
Der Autor ... <u>setzt sich</u> in seinem Text „...“ <u>kritisch mit</u> ... <u>auseinander.</u>
In kritischer, z.T. <u>spöttischer/ironischer/humorvoller Distanz</u> führt der Autor
  den Leser in den Sachverhalt ein.

... für Texte mit Appellcharakter
Der Autor <u>möchte</u> seine Leserinnen und Leser dazu <u>bewegen</u>, ...
Die Autorin möchte ihre Leserinnen und Leser dazu <u>veranlassen</u>, ...
Der Text ist insgesamt auf <u>Akklamation</u> (Beifall, Zustimmung) angelegt.
Er ist insgesamt darauf angelegt, ...<u>schlechtzumachen</u>.

Wählen Sie dann einen **Überleitungssatz** der folgenden Art:

Der Text wirft folgende Fragen auf: ... (Hier müßten einige Fragen folgen, auf
  die der Text Antworten zu geben versucht.)
Der Text enthält folgende zentrale Aussagen: ... (Hier müßten die zentralen
  Thesen/Aussagen des Textes folgen. Vgl. Sie dazu die Anregungen im folgenden Kapitel.)

19 Bestimmen Sie schriftlich die Textart des Artikels „Wunderdroge aus der Zirbeldrüse“ auf S. 18 f.

Die Hauptaussagen genau wiedergeben

Oben haben Sie sich bereits klargemacht, daß Texte – um Objektivität bemüht –
einen Sachverhalt **darstellen** können, sie können in einem Meinungsstreit **eine
bestimmte Position vertreten** und sich dabei **kritisch mit etwas auseinandersetzen**, und sie können Leserinnen und Leser zu **etwas bewegen** wollen.
Oft zeigen Texte Mischungen solcher Zwecke. Für jeden dieser Texttypen benötigen Sie bestimmte Formulierungen.

I. Formulierungen für die Wiedergabe eines Textes, der etwas darstellt:

Der Autor präsentiert eine Reihe von Informationen zu ...
Der Text thematisiert ...
Die Autorin erklärt diesen Sachverhalt mit Hilfe von ...
Ergänzend weist sie darauf hin, daß ...
Der Autor zählt eine Reihe von Zielen auf, die mit ... verfolgt werden können.
Außerdem macht der Autor Angaben zu ...
Weiterhin geht die Autorin auf den Aspekt des ... ein.
In diesem Zusammenhang nennt die Autorin folgende Sachverhalte: ...
In diesem Kontext spricht die Autorin von ...
Sie zählt weitere Beispiele für ... auf, und zwar ...
Sie fügt hinzu, daß ...
Der Autor beweist damit, daß ...

20 Geben Sie mit Hilfe der oben aufgelisteten Formulierungen den Inhalt des Textes „TV-Trailer ..." auf S. 16 f. wieder.

II. Formulierungen für die Wiedergabe eines Textes, der sich kritisch mit etwas auseinandersetzt:

Der Text behandelt das Problem der ...
Die Autorin setzt sich mit der Frage auseinander, ob ...
Der Autor beginnt mit der einleitenden These, daß ...
Der Verfasser stellt neben diese Behauptung eine zweite: ...
Er behauptet in diesem Zusammenhang weiter, ...
Der Autor bemängelt, daß ...
Dazu stellt der Autor zunächst klar, daß ...
Eben hier liegt in seinen Augen das Problem; daß nämlich ...
... wie der Autor meint.
Der Autor bestreitet entschieden, daß ...
Um seine ablehnende Haltung zu begründen, weist er auf ... hin.
Die zentrale These des Autors ist, daß .../Daraus ergibt sich die Kernthese ...
Mit seiner nächsten These geht der Autor auf ... ein.
Weiterhin kritisiert der Autor, daß ...
..., so der Autor, ...
Gegen Ende seines Textes bezeichnet der Autor ... als einen ...
Seine letzte Behauptung ist, daß .../Der Autor schließt seine Ausführungen
  mit dem Vorwurf an die Adresse ...s, daß ...
Damit widerspricht die Autorin einigen anderen Wissenschaftlern.

21 Ergänzen Sie in der folgenden Aufstellung entsprechende Verben oder Substantive (bzw. ganze Redewendungen), die eine kritische Distanz ausdrücken und die man in Aufsätzen ebenfalls verwenden könnte.

Verben	**Substantive (evtl. Redewendungen)**
_____	eine Auseinandersetzung führen mit
_____	Vorwurf an die Adresse von
etwas kritisieren	_____
_____	Widerspruch anmelden
etw. ablehnen	_____
etw. kritisch betrachten	etw. unter die _____ nehmen
etw. bemängeln	seine(n)_____ äußern über
sich _____	auf Distanz gehen zu
jdm. entgegentreten	_____ beziehen zu jdm.

III. Formulierungen für die Wiedergabe eines Textes, der Leserinnen und Leser zu etwas bewegen will:

Die Autorin stellt sich nicht als neutrale Vermittlerin von Pro- und Contra-Argumenten dar, sondern schlägt sich eindeutig auf eine Seite. Sie will die Leserinnen und Leser dazu bewegen, ...
Die Autorin hat sich offensichtlich zum Ziel gesetzt, den Leser auf ihre Seite zu ziehen; denn sie ...
In Zeile ... sagt die Autorin ganz offen, was sie beim Leser erreichen möchte: ...
Der Text enthält Wertungen, die nicht auf den ersten Blick erkennbar sind. Die Autorin will den Leser auf suggestive Weise für ihre Ansichten einnehmen.
An mehreren Stellen benutzt die Autorin ein auffällig pejoratives (abwertendes)/aufwertendes Vokabular. ... bezeichnet sie z.B. als „...".
Die Autorin warnt offen vor ...

---

22 Geben Sie mit Hilfe der unter II. und III. aufgelisteten Formulierungen den Inhalt des Textes „Wunderdroge aus der Zirbeldrüse" auf S. 18 f. kurz wieder.

Den Aufbau des Textes beschreiben

In manchen Fächern, z.B. in Religion oder Philosophie, werden Sie aufgefordert, nicht nur den Inhalt eines Sachtextes wiederzugeben, sondern auch etwas zu seiner **Struktur**, zu seiner Machart zu sagen. Die folgenden Sätze geben Ihnen dazu Formulierungsanregungen; zugleich bekommen Sie auch sachliche Hinweise, worum es bei diesem Analyseschritt gehen kann. Schließlich finden Sie auch einige **Fachbegriffe,** die bei der Analyse hilfreich sein können. (Weitere Hilfen im Abschnitt „Wie sind Aufbau und Machart des Textes zu bewerten?", S. 70).

Formulierungsvorschläge:

Die Gedankenführung des Autors/der Autorin ist kontrastierend/reihend/ sprunghaft/geradlinig (vgl. S. 71).

Der Text zeigt eine komplexe/vielschichtige/variantenreiche/ziemlich einfache Argumentation.

Die Argumentationsstrategie der Autorin ist gut erkennbar.

Die Thesen der Autorin sind durch Beispiele (z.B. in Z. ...) und Argumente (z.B. in Z. ...) untermauert.

Die Autorin unterstreicht hier den Geltungsanspruch ihrer These mit einem Beispiel und einigen Argumenten. Sie weist nämlich darauf hin, daß ...

Diese These wird auf zweierlei Weise gestützt. Zunächst beruft sich die Autorin auf eine Autorität, indem sie in Zeile ... eine Äußerung von ... wiedergibt, der erklärt hatte, daß ... (Autoritätsargument). Außerdem entwickelt sie eine Analogie (einen ähnlichen Fall), um ihre These zu untermauern. Sie weist darauf hin, daß ... (analogisierendes Argument).

Die Autorin untermauert ihre Position mit dem Hinweis auf die Tatsache, daß ... (Faktenargument).

Diese Behauptung wird argumentativ nur sehr schwach gestützt.

Insgesamt enthält der Text nur wenig argumentative Substanz; er beschränkt sich fast ganz auf behauptende Meinungsäußerungen ohne genaue Begründung.

Die Autorin verwendet explizit (ausdrücklich) logische Verknüpfungen; mit Wörten wie „so ..., daß..." (Zeile ...), „weil..., und deshalb" (Zeile ...) oder „daraus folgt, daß ..." legt sie gedankliche Zusammenhänge offen und macht sie einer kritischen Prüfung sofort zugänglich.

Die Autorin hat ihre Gedanken weniger mit logischen Signalwörtern, sondern eher suggestiv-assoziativ miteinander verknüpft. Der Leser muß daher die gedanklichen Verbindungen, die hergestellt werden, eher mühsam rekonstruieren (nachvollziehen). Ein Beispiel dafür findet sich in den Zeilen ...

23 Beschreiben Sie mit Hilfe dieser oder ähnlicher Formulierungen den Aufbau des Textes „Wie kommt die Welt in den Kopf?" auf S. 25 ff. Dabei können Sie die

Randmarkierungen nutzen, die Sie im Abschnitt „Die Text-Struktur durchschauen" notiert haben. (Vgl. S. 29 ff.).

Wenn Sie mit einigen der oben benutzten **Begriffe** nicht zurechtkommen, helfen Ihnen vermutlich die folgenden Erklärungen weiter:

> Eine **Argumentation** ist ein sprachliches Verfahren, mit dessen Hilfe man die Berechtigung und die Stichhaltigkeit einer Behauptung (These) nachweisen will. Damit will man eine Meinung, die man vertritt, zustimmungsfähig machen. Eine Argumentation besteht meist aus mehreren
> – **Argumenten**, z.T. auch aus unterstützenden
> – **Beispielen.**
> Eine **rationale Argumentation** achtet auf Richtigkeit bzw. Wahrheit der Argumente; sie will überzeugen. Dagegen hält sich eine **rhetorische Argumentation** manchmal nicht so genau an die Wahrheit. Sie will andere mit sprachlichen Tricks überreden.
> **Assoziativ** ist eine Gedankenverbindung, wenn die Art des logischen Zusammenhangs zwischen zwei Äußerungen nicht sofort erkennbar ist. Einem Zuhörer oder Leser wird ein Zusammenhang nahegebracht oder „untergejubelt", ohne daß die zugrunde liegende Logik offengelegt wird.

5. Grafiken und Diagramme beschreiben

In Biologie und Chemie, aber auch in Erdkunde, Geschichte oder Politik finden Sie in Sachtexten oft Tabellen, Diagramme und Grafiken. In der Regel werden Sie aufgefordert, die darin enthaltenen Informationen sprachlich wiederzugeben und zu kommentieren. Manchmal sollen sie auch umgekehrt verfahren, nämlich Textinformationen bzw. Informationen aus Tabellen in Form von Diagrammen oder Grafiken darstellen.
Auf den folgenden Seiten finden Sie einige erste Hinweise zu diesem Bereich. Sie ersetzen nicht eine gründliche Auseinandersetzung mit den Anforderungen des jeweiligen Faches. Die Übungen in diesem Kapitel können Ihnen deshalb natürlich nicht ersparen, sich für ein Fach die notwendige Sachkenntnis und die richtigen Begriffe anzueignen. Sie bieten jedoch Gelegenheit, Ihren schriftlichen Ausdruck zu trainieren.

Diagramme

Diagramme dienen dazu, Zahleninformationen optisch zu veranschaulichen. Es gibt verschiedene Diagramm-Arten mit unterschiedlichen Funktionen. Diese dürfen nicht verwechselt werden.

Säulen-Diagramm (auch: Balken-Diagramm)

Säulen-Diagramme stellen **absolute oder relative Zahlen** dar. Das heißt, daß
– entweder Zahlen in ihrer tatsächlichen Größe (absolute Zahlen)
– oder Zahlen in ihrem Verhältnis zu anderen Zahlen (relative Zahlen) ausgedrückt werden.
Diese Art des Diagramms dient dazu, Zahlen in der **Reihenfolge ihrer Größe**
darzustellen. Deshalb eignet sie sich besonders gut zum **Vergleich** verschiedener Werte. Die Unterschiede werden durch verschiedene Längen der Säulen
ausgedrückt. Die Säulen können vertikal (senkrecht, von unten nach oben oder
von oben nach unten) oder horizontal (waagerecht) angeordnet sein. In diesem
Fall spricht man von einem **Balken-Diagramm.**

24 Welches der folgenden beiden Diagramme a) und b) gibt absolute, welches gibt
relative Zahlen wieder?

Beispiel a): Anschluß an die Telekommunikation 1994

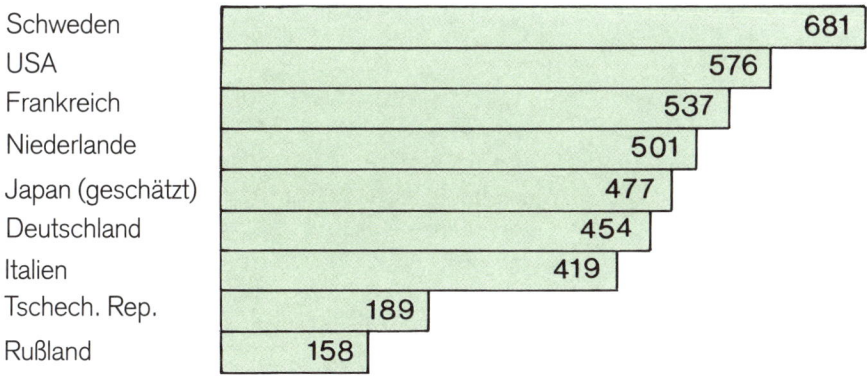

Telefonhauptanschlüsse je 1000 Einwohner

Beispiel b): Status der Ärzte in Deutschland 1994

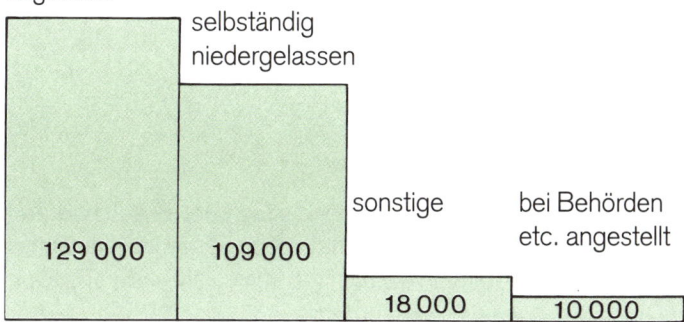

Band-Diagramm und Kreis-Diagramm (auch: Streifen-, Torten-Diagramm)

Auch Band- und Kreis-Diagramme können absolute und relative Zahlen darstellen. Allerdings werden sie hier als **Anteile an einer Gesamtmenge** umgesetzt. In der Regel werden die Anteile in %-Werten ausgedrückt. Die gesamte Diagramm-Fläche stellt dann 100 % dar.

Beim **Band-Diagramm** entspricht 1 % der Bandlänge 1 % der dargestellten Gesamtmenge.

Beim **Kreisdiagramm** entspricht 1 % des Kreises (= 3,6 Grad Mittelpunktswinkel) 1 % der dargestellten Gesamtmenge.

Beispiel c): Typologie deutscher Studenten 1995

```
┌─────────────────────────────────────────────────┐
│                                                   │
│                                                   │
└─────────────────────────────────────────────────┘
```

Engagierte   Frustrierte   Apolitische

Beispiel d):

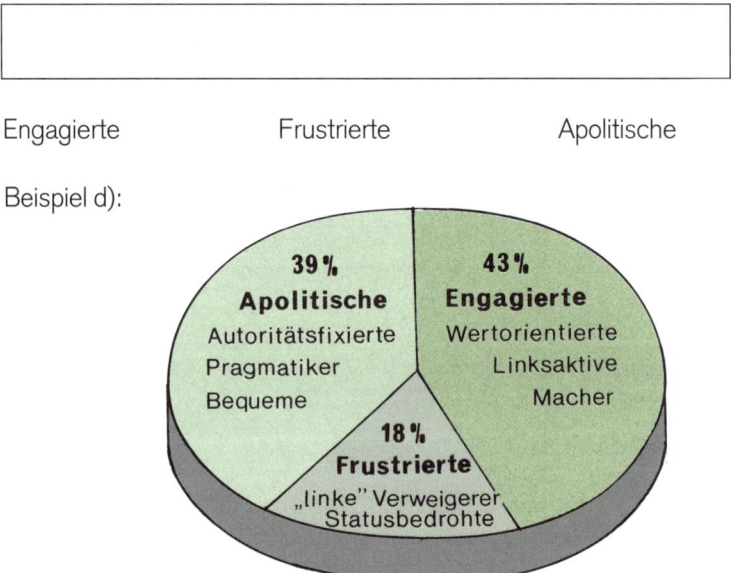

25 Studieren Sie das Kreis-Diagramm, und teilen Sie dann das Band-Diagramm maßstabsgerecht in drei Abschnitte ein.

26 Beschreiben Sie nun das Zahlenverhältnis zwischen den verschiedenen Gruppen mit drei bis vier Sätzen.

Kurven-Diagramm (auch: Linien-Diagramm)

In **Kurven-Diagrammen** werden Sachverhalte in Bezug auf **zwei Achsen** (die waagerechte **x-Achse** und die senkrechte **y-Achse**) abgebildet. Dabei ist angegeben, was die beiden Achsen jeweils ausdrücken, welche Sachverhalte also miteinander in Beziehung gesetzt wurden.

Kurven-Diagramme stellen oft eine **Entwicklung** dar. Zum Beispiel wird gezeigt, wie der Anteil einiger Getreidearten an der gesamten Anbaufläche der Landwirtschaft sich in einem bestimmten **Zeitraum** verändert hat.

Beispiel e): Erwerbstätige im Jahresdurchschnitt (zwei Kurven mit absoluten Zahlen)

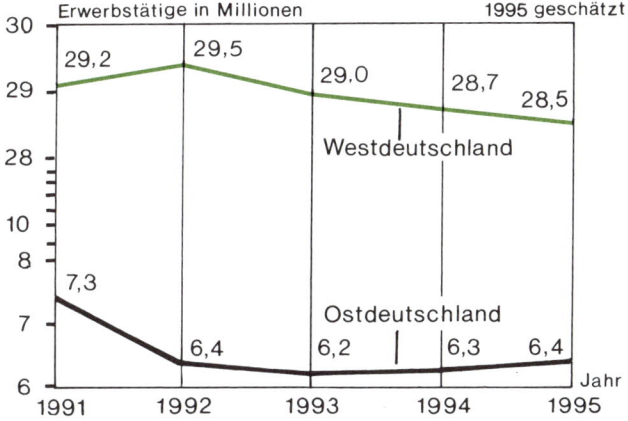

Beispiel f): Anteil von Getreidearten an der Ackerfläche der Bundesrepublik Deutschland (drei Kurven mit relativen Zahlen)

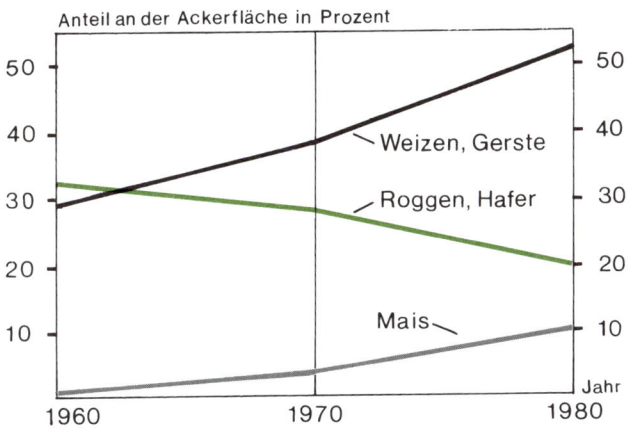

27 Bereiten Sie eine Beschreibung der oben abgebildeten Diagramme vor. Formulieren Sie zunächst für einige der Diagramme Einleitungssätze, indem Sie angeben:
① die Diagramm-Art,
② die dargestellten Sachverhalte und

③ die in den Erläuterungen zu den Diagramm-Arten fettgedruckten Begriffe (z.B. Anteil an Gesamtmenge).

Beispiel a):

Das Balken-Diagramm stellt dar, wie viele _____

1994 in einigen ausgewählten Industriestaaten existierten. In _____

Zahlen wird angegeben, wie viele _____

_____

vorhanden waren.

Beispiel b):

Das _____ -Diagramm stellt dar, wie viele _____

im Jahr _____ in verschiedenen Bereichen arbeiteten. Dazu werden ____

_____ Zahlen angegeben.

Beispiel d):

Das _____-Diagramm macht deutlich, _____

_____

_____ Die Angaben werden in Prozent gemacht.

28 Schreiben Sie auf ähnliche Weise einleitende Sätze zu den Beispielen e) und f).

29 Machen Sie nun zu einigen der Diagramme umfangreichere Ausführungen. Tragen Sie zuerst in Stichworten alles Wichtige für eine Diagramm-Beschreibung zusammen, indem Sie folgende Sachverhalte prüfen:

☞ ◆ Spannbreite der angegebenen Werte insgesamt   **Säulen**
  ◆ große und kleine Unterschiede   **Band**
  ◆ Spitzenreiter und Schlußlicht   → **Kreis**
  ◆ Gruppenbildung
  ◆ Ausgangszustand
  ◆ letzter dargestellter Zustand   → **Kurve**
  ◆ Entwicklungsbeschreibung:
     – Kontinuierliche Entwicklung oder Trendumkehr?
     – Hoch- und Tiefpunkte
     – Steilheitsgrad der Kurve in einzelnen Bereichen
     – sich kreuzende Kurven?
     – Abstände zwischen Kurven und ihre Veränderung
     – relative Entwicklung (Veränderung mit Blick auf die anderen Zahlen)
     – letzter erkennbarer Trend

Beispiel e):

Das _____-Diagramm zeigt, _____

_____

zwischen 1991 und 1995 in _____

_____

Für beide Regionen enthält das Diagramm eine gesonderte Kurve, die _____

_____ Zahlen angibt.

Für West- und Ostdeutschland zeigt das Diagramm jeweils eine Trendwende.

In Westdeutschland liegt sie im Jahr _____ ; ab da zeigt die Kurve nach

_____ In Ostdeutschland _____

_____

_____

In Westdeutschland liegt der Höhepunkt der Entwicklung im Jahr _____ ,

in dem _____

Für das Jahr _____ wird mit _____ Mio. der Tiefpunkt angegeben.

In Ostdeutschland fallen Hoch- und Tiefpunkt in andere Jahre: _____

_____

_____

Für Ostdeutschland ist der Kurvenverlauf von 1991 auf 1992 erheblich steiler als

in allen anderen angegebenen Zeitabschnitten. Bezogen auf die absoluten Zah-

len sind die Veränderungen in Westdeutschland relativ _____ Die Kurve für

Ostdeutschland weist dagegen gravierendere Umbrüche aus. Denn zwischen

1991 und 1992 sind etwa _____ % der Arbeitsplätze _____

In den folgenden Jahren _____

_____

Der letzte erkennbare Trend ist, daß die Zahl der Erwerbstätigen in Westdeutsch-

land _____

und in Ostdeutschland _____

_____

Beispiel c):

Das _____-Diagramm läßt erkennen, _____

_____

Die Angaben werden in Prozent gemacht. Das Diagramm zeigt, daß die angege-

benen Grundstimmungen bei den deutschen Studenten ungleich verteilt sind.

Allerdings liegen zwei Gruppen, nämlich die der _____ und

die der _____ fast gleichauf. Spitzenreiter sind mit ____ %

_____

Am wenigsten _____

_____

30 Setzen Sie das Diagramm f) in eine Tabelle um, indem Sie alle wichtigen Zahlen zusammentragen. Beschreiben Sie die Kurvenverläufe (Einl. vgl. S. 61 f.).

Grafiken, Karten, Kartogramme

Wenn Sie Grafiken und Kartogramme in Sprache auflösen sollen, dann müssen Sie eine **flächenhafte** Darstellung, eine „Landkarte" mit Informationen, in eine **lineare** Gedankenfolge bringen, also wie auf einer Linie Schritt für Schritt in Worte fassen. Was Sie vielleicht auf einen Blick **nebeneinander** sehen, müssen Sie in ein **Nacheinander** der Gedanken auflösen. Das Hauptproblem besteht darin, die Informationen im Kopf entsprechend umzuorganisieren. Während die Grafiken und Kartogramme **einen Gesamtüberblick** über etwas geben, müssen Sie in einem Text **Einzelinformation** an Einzelinformation reihen. Dabei ist die **Reihenfolge** der Informationen von ausschlaggebender Bedeutung.

 In Ihrem Text arbeiten Sie sich **vom Allgemeinen zum Besonderen** vor. In Ihrer Einleitung machen Sie **übergreifende Angaben**. Sie äußern sich zu:
♦ behandeltem Thema
♦ Aspekten des Themas, die in hervorgehobener Weise dargestellt werden
♦ dargestelltem Zeitraum
♦ evtl. dargestelltem geographischen Raum
Dabei können Sie Informationen verwenden, die Sie in der **Überschrift** und evtl. in der **Legende** (Zeichenerklärung) vorfinden.
Anschließend äußern Sie sich zu den Einzelheiten, und zwar zu:
♦ den einzelnen Teilphänomenen
♦ Größen- bzw. Bedeutungsunterschieden
♦ den Beziehungen zwischen den einzelnen Teilphänomenen

Die Bezeichnungen für „Junge" in deutschsprachigen Mundarten

Die Bezeichnungen für „Mädchen" in deutschsprachigen Mundarten

31 Sie haben die Aufgabe, diese zwei Karten zu beschreiben. Wie leiten Sie Ihre Beschreibung ein?

Die beiden Karten <u>befassen sich mit</u> _____

_____ <u>Gezeigt wird das an</u> den Bezeichnungen für

die hochsprachlichen Wörter _____ und _____

Die Karten <u>beziehen sich auf</u> deutschsprachige Mundarten, wie sie in Deutschland, Österreich und in der Schweiz <u>vertreten sind</u>.

32 Fassen Sie die erste der beiden Darstellungen auf Seite 65 in Worte. (Die <u>unterstrichenen</u> Formulierungen können Sie leicht in andere Beschreibungen von Karten, Kartogrammen etc. übernehmen.)

Der ersten Karte <u>kann man entnehmen</u>, daß es für _____ in den

verschiedenen deutschen Dialekten insgesamt folgende unterschiedliche Bezeichnungen gab: _____

_____

Geringfügige Abweichungen bleiben hier außer Betracht. Die weiteste Verbreitung _____

_____

Ein nur geringes Verbreitungsgebiet <u>ist</u> für die Bezeichnungen _____

_____ <u>ausgewiesen.</u>

<u>Betrachtet man</u> die geographische Verteilung, <u>so ergibt sich</u> _____

_____

_____

_____

<u>Auffällig ist</u> die geographische Verteilung der beiden ähnlich klingenden Bezeichnungen „Jong" und „Jung", deren Konsonanten übereinstimmen. Ihre Verbreitungsgebiete _____

_____

33 Beschreiben Sie nun möglichst genau, was in der zweiten Karte zu sehen ist.

Ist eine graphische Darstellung mit einer **Legende** versehen, so sollten Sie diese zunächst eingehend erarbeiten.

34 Studieren Sie die Legende des folgenden Kartogramms.

Die unterschiedlich großen Halbkreise bedeuten _____

_____

Die linken Halbkreise stellen _____ dar, die rechten _____

_____ Die hellen Kreissegmente stehen für _____

_____ , die dunklen Segmente für _____

Außenhandel der EG-Staaten (1985)

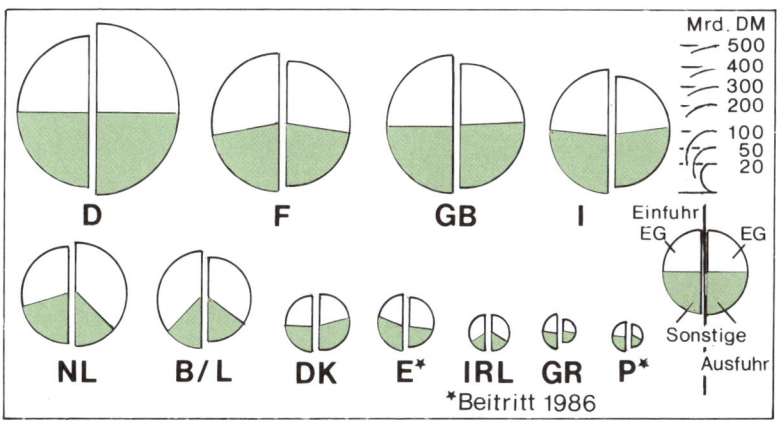

35 Beschreiben Sie nun dieses Kartogramm. Nutzen Sie dabei die Formulierungshilfen im Kasten.

> ... stellt dar
> wird unterschieden zwischen
> wird weiter differenziert
> betrachtet man ..., dann stellt man fest, daß
> es lassen sich ... folgende Aussagen entnehmen
> gibt auch Auskunft über
> ermöglicht Aussagen darüber, wie
> hier zeigt sich, daß

6. Textaussagen in größere Zusammenhänge einordnen

> „Interpretieren Sie die hier dargestellten Entwicklungsverläufe der Zwillinge unter Zuhilfenahme Ihnen bekannter Erklärungsansätze!"
>
> „Stellen Sie kritisch die Bedeutung dieses Experiments für die ...theorie dar!"

In Klausuren werden Sie oft in dieser Weise aufgefordert, mitgeteilte Einzelfälle, Untersuchungsergebnisse usw. in Zusammenhänge einzuordnen, die Ihnen bekannt sein sollten. Solche Zusammenhänge können z.B. wissenschaftliche Theorien und Erklärungsansätze sein.

Nutzen Sie bei solchen Aufgaben die folgenden Formulierungs- und Strukturierungshilfen.

Formulierungsvorschläge:

Das vorgelegte Beispiel zeigt <u>typische Entwicklungsverläufe</u>, wie sie in der Fachliteratur z.B. von ... und ... dargestellt worden sind. Die Fachliteratur geht nämlich in der Regel davon aus, daß ...

In einigen Punkten <u>widerspricht</u> dieser Entwicklungsverlauf/ Experimentverlauf <u>den theoretischen Annahmen von/der Interpretation von</u> ...

Man kann den hier geschilderten Entwicklungsverlauf <u>auf eine Reihe wissenschaftlicher Annahmen beziehen</u>.

Betrachtet man ihn z.B. <u>auf dem Hintergrund der theoretischen Position von</u> ..., daß ... sei, so ergibt sich eine auffällige <u>Übereinstimmung/Abweichung</u>.

Man kann die hier zusammengestellten Versuchsergebnisse/Sachverhalte <u>in den wissenschaftlichen Ansatz einordnen</u>, den ... in einem Aufsatz mit dem Titel „..." entwickelt hat.

... nimmt an, daß ... . Und auch in dem hier vorgelegten Beispiel sind ... .

Mit Hilfe dieses Experiments kann man folgende <u>theoretische Annahmen überprüfen</u>: ...

Das Experiment trägt zur <u>Klärung der Frage bei, ob</u> ...

Mit Hilfe dieses Experiments kann man <u>der Frage auf den Grund gehen</u>, wie ...

Das Experiment <u>bietet</u> besondere <u>Vorteile</u>, da ...

Das Experiment <u>kann</u> freilich <u>nicht klären</u>, ob ...

36 Besorgen Sie sich Klausurtexte von Mitschülerinnen und Mitschülern, in denen – unter Bezugnahme auf wissenschaftliche Theorien – Einzelfälle eingeordnet oder Experimente beurteilt werden. Notieren Sie sich hilfreiche Formulierungen.

Lesen Sie sich die oben angegebenen Formulierungshilfen und Ihre Ergänzungen vor entsprechenden Klausuren mehrmals durch. Neben dem fachlichen Wissen ist auch das sprachliche Wissen Voraussetzung für einen Erfolg.

7. Stellung beziehen

Wenn Sie zu einem Sachtext Stellung beziehen, dann können Sie
– die vom Autor/der Autorin vertretenen Positionen kritisch würdigen;
– anschließend zu einzelnen Thesen, die in dem Text vertreten werden, selbst Stellung beziehen.
Auch Aufbau und Machart des Textes können kritisch betrachtet werden.
In Klausuren und bei Hausaufgaben erhalten Sie meist in der Aufgabenstellung einen Hinweis darauf, welche Fragestellungen im Mittelpunkt der Erörterung stehen sollen.

Wie sind die Hauptthesen des Textes zu bewerten?

Im folgenden lesen Sie einige – noch unsortierte – **Formulierungsvorschläge**. Sie können Ihnen helfen, Sachtexte zu bewerten. Zugleich erhalten Sie mit diesen Formulierungen **Gesichtspunkte** für den wertenden Aufsatzteil an die Hand. Damit erfahren Sie, welche Aspekte in einer Wertung eine Rolle spielen können.

> Meiner Meinung nach kann man die zentrale These des Autors, daß ... , (voll) unterstützen. Denn ...
>
> Zunächst kann man der Verfasserin zustimmen, wenn sie behauptet, daß ... . Denn ... . Allerdings sollte man in diesem Zusammenhang nicht vergessen, daß ...
>
> Zwar hat die Autorin sicherlich recht, wenn sie annimmt, daß ... . Insgesamt aber sind die Positionen der Autorin doch ziemlich fragwürdig.
>
> Einerseits hat der Verfasser sicher recht, wenn er betont, daß ... . Aber man sollte wohl auch bedenken, daß ... .
>
> Den Positionen der Autorin kann man uneingeschränkt zustimmen.
>
> Alles in allem scheinen mir die Positionen des Autors unhaltbar zu sein.
>
> Für mich ist die Argumentation des Autors sehr plausibel. Besonders überzeugend finde ich die Ausführungen zu ...

> Auch wenn die Position des Autors sicherlich richtig ist, so gilt es doch fest-
>   zuhalten …
>
> Die zentralen Thesen der Autorin scheinen mir zu wenig begründet zu sein.
>   Zum Beispiel ist nicht einsichtig, wieso …
>
> Die These des Verfassers, daß … , ist sicherlich insgesamt plausibel. Die Tat-
>   sache, daß … , wird in den Ausführungen jedoch zu wenig berücksichtigt.
>
> Natürlich kann man dem Autor nicht widersprechen, wenn er feststellt, …
>   Aber das rechtfertigt noch nicht die Annahme, daß …
>
> Zwar hat die Autorin sicherlich recht, wenn sie erklärt, … Das Problem müßte
>   jedoch auch in einem größeren Zusammenhang betrachtet werden: …

37 Diese Formulierungsvorschläge spiegeln unterschiedliche Bewertungshaltun-
gen. Unterschlängeln Sie diejenigen Vorschläge, die **uneingeschränkte Zustimmung** signalisieren.

38 Unterstreichen Sie nun diejenigen Formulierungen, die **begrenzte Zustimmung** ausdrücken.

39 Markieren Sie die Formulierungen gelb (oder mit einer anderen Farbe), die **Ab-
lehnung** signalisieren.

40 Markieren Sie alles rot (oder mit einer anderen Farbe), was **begrenzte Ablehn-
nung** signalisiert.

41 Schreiben Sie nun mit Hilfe der oben angebotenen Formulierungen eine kurze
Stellungnahme zu dem Text „Wunderdroge aus der Zirbeldrüse" auf S. 18 f. Die
Leitfrage lautet: Wie bewerten Sie die Haltung des Autors?

Wie sind Aufbau und Machart des Textes zu bewerten?

Vergewissern Sie sich – am besten **vor** einer Klausur – ob von Ihnen auch Ausführungen zu Machart und Aufbau des Textes erwartet werden und wie umfang-
reich diese Ausführungen sein sollen. In einigen Fächern wird auf solche Aspekte ganz verzichtet; aber die Erwartungen sind von Lehrer/in zu Lehrer/in
manchmal ganz verschieden.

Formulierungsvorschläge:

Einleitende generelle Bemerkungen:
Positiv/kritisch anzumerken ist, daß der Ton/Tenor
des Textes   sachlich informierend
                                        nüchtern
                                        ernst
                                        kritisch
                                        bissig
                                        ironisch
                                        anklagend
                                        beteuernd
                                        beschwichtigend
                                        aggressiv
                                        humorvoll   ist.

Bemerkungen zu Aufbau und Inhalt des Textes:
Der Text gewinnt dadurch/leidet darunter, daß sein
gedanklicher Aufbau   geradlinig
                                        linear
                                        kontrastierend
                                        antithetisch
                                        reihend
                                        entfaltend
                                        stark gegliedert
                                        sprunghaft/assoziativ ist.

Die Zusammenhänge von Rahmenbedingungen,
Ursachen und Wirkungen werden   klar herausgearbeitet
                                        nicht genügend verdeut-
                                            licht

Die einzelnen Faktoren, die zu dem dargestellten
Problem geführt haben, werden   angemessen gewichtet
                                        z.T. überbewertet
                                        z.T. unterbewertet
                                        (nicht) gleich intensiv
                                            betrachtet
                                        z.T. nur angedeutet
                                        z.T. unterschlagen

Welche **Bestandteile** kann ein Sachtext haben? Die folgenden Begriffe können
Ihnen helfen, den Aufbau eines Textes zu beschreiben. (Sie sind dem Band „Besser in Deutsch: Sachtexte analysieren - Oberstufe" von Cornelsen Scriptor entnommen.)

Einstieg, Einleitung, Hinführung
Nennung von Fakten oder Daten
Äußerung von Gedanken, Meinungen, Ansichten, Urteilen
Zurückweisung einer fremden Meinung
Beschreibung oder Erläuterung von Sachverhalten, Gegenständen oder Vor-
    gängen
Bericht über Geschehen
Forderung, Appell
Einführung und Erklärung von Begriffen
These (Behauptung), Gegenthese
Argument zur Begründung einer These
Beispiel, Beleg, Beweis
Folgerung
Verweis, Zitat
Feststellung von Ergebnissen, auch Zwischenergebnissen
Lösungsvorschlag
Zusammenfassung
Fazit, Schlußfolgerung

42 Nehmen Sie den nächsten Sachtext, den Sie zu Hause zu bearbeiten haben, und
notieren Sie am Rand oder auf einem separaten Papier, welche Bestandteile er
enthält und in welcher Reihenfolge sie stehen.

Was kann ich selbst zu dem Sachverhalt sagen?
Auseinandersetzung mit Textaussagen

Wenn Sie sich kritisch mit einer Textaussage auseinandersetzen sollen, merken
Sie sicher oft, daß Sie der Text „gefangenhält". Es fällt Ihnen schwer,
– Distanz zu dem Text herzustellen,
– gegenüber dem Text einen eigenen gedanklichen Spielraum wiederzugewin-
    nen und
– dem Text eigene Überlegungen entgegenzusetzen.
Wenn Sie solche Schwierigkeiten haben, dann sollten Sie die folgenden Fragen
nutzen, um voranzukommen. Ziehen Sie diese zu Rate, wenn Sie eine Stellungnahme vorbereiten müssen, z.B. bei Ihrer nächsten Hausaufgabe.

43 Welches Wissen können Sie selbst mobilisieren, um zu dem in Frage stehenden Sachverhalt etwas zu sagen?

➁   Welche sachdienlichen Erfahrungen haben Sie selbst gemacht? (Notieren Sie Stichworte.)

_____

➁   Welche sachverständigen (anderslautenden) Äußerungen zum Thema sind Ihnen bekannt? (Notieren Sie Stichworte.)

_____

➁   Welche Informationsquellen können Sie heranziehen? (Notieren Sie Stichworte, und besorgen Sie sich – wenn möglich – eine oder mehrere der Informationsquellen.)

_____

44 Legen Sie einen Aspekte-Stern zu dem Sachverhalt an, um den es geht. Ergänzen sie stichwortartig.

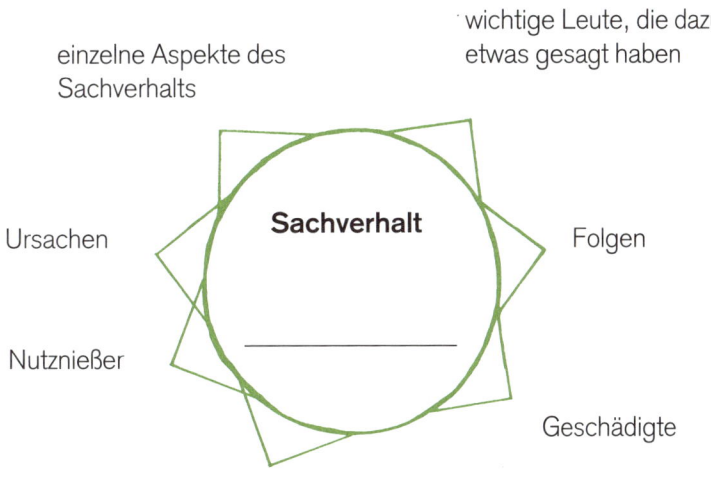

Nicht bei jedem Sachverhalt können Sie den Stern in alle Richtungen mit Stichworten versehen; lassen Sie dann einfach etwas frei.

45 Legen Sie den fertiggestellten Aspekte-Stern gut sichtbar neben Ihr Heft/Ihren Block, wenn Sie mit Ihrer Stellungnahme beginnen. Lassen Sie sich durch die Stichworte anregen.

Wenn sie sich noch intensiver mit dem Text befassen wollen, können Sie die folgenden Fragen klären.

46 Scheint bei dem, was der Autor/die Autorin sagt, ein weltanschaulicher Hintergrund durch, der die vorgetragenen Positionen erklären kann? Notieren Sie Stichworte.

① *Politisches/weltanschauliches/wissenschaftliches „Lager" des Autors/der Autorin:*

_____

_____

② *Formulierungen, denen man das entnehmen kann:*

_____

_____

_____

47 Sind wichtige Sachverhalte oder Argumente zum Thema, die Sie kennen, in dem Text nicht verwendet worden?

„Vergessene" Sachverhalte:

_____

_____

_____

48 Hat das evtl. etwas mit den Interessen und den Absichten des Verfassers/der Verfasserin zu tun?

Absicht, die mit dem Text offensichtlich verfolgt wird:

_____

_____

49 Kann man den Sachverhalt, um den es in dem Text geht, in einen größeren Zusammenhang einordnen, so daß sich neue Gesichtspunkte ergeben?

① *Möglicher größerer Zusammenhang (Kontext) des Sachverhalts:*

_____

_____

② *Neue Fragestellungen, die sich in diesem Kontext ergeben:*

_____

_____

Selbständige Entwicklung von Lösungsansätzen

„Entwickeln Sie mögliche Handlungsansätze für eine Lösung dieses pädago-
gischen Problems!"
„Entwickeln Sie Vorstellungen zur Entschärfung der hier dargestellten ökologischen Belastungen!"

Solche Aufgabenstellungen verlangen Problemlösungsphantasie von Ihnen.
Diese Phantasie muß sich an den Fakten orientieren, die Ihnen mit den Arbeits-
materialien vermittelt worden sind. Außerdem müssen Sie Formulierungen zur
Hand haben, mit denen Sie diesen Teil Ihrer Klausur bewältigen können. Im fol-
genden geht es um die **gedankliche Entwicklung** und die **sprachliche Be-
wältigung der Aufgabe**.
Wenn Sie Ihre Ideen entfalten und ordnen wollen, können Sie das Verfahren der
„**Denk-Zentrale**" (vgl. S. 22) wählen.

50 Entfalten Sie eine „Denk-Zentrale" zu der Frage: Wie könnten Eltern die Kon-
zentrationsfähigkeit eines Kindes verbessern?

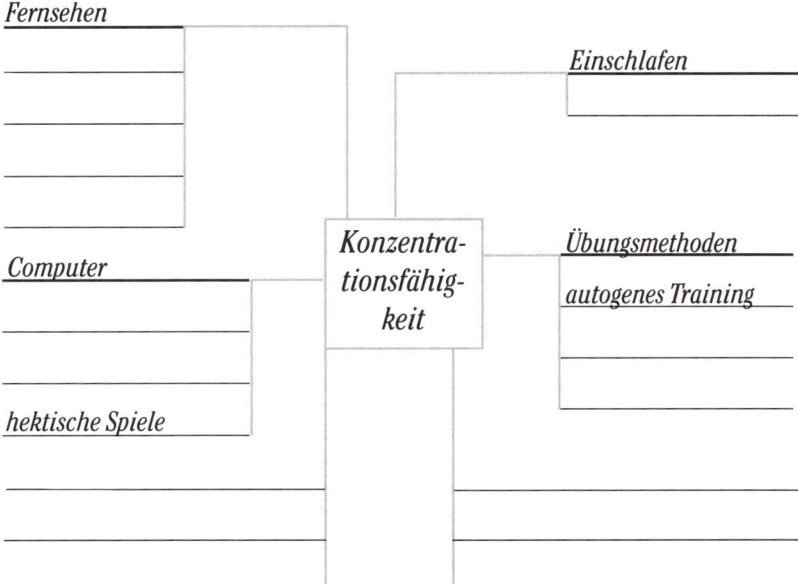

51 Nehmen Sie an: Ein Klausurtext enthält ein Beispiel dafür, wie Eltern das Problem der Konzentrationsschwäche ihres Kindes wenig erfolgreich angehen. Nutzen Sie die folgenden **Formulierungs-Starter**, um in einer Stellungnahme darzustellen, wie die Eltern besser vorgehen könnten. Verwenden Sie dabei die Gedanken Ihrer „Denk-Zentrale".

52 Arbeiten Sie mit Hilfe der folgenden **Formulierungs-Starter** an Ihrer nächsten schriftlichen Stellungnahme. Ersetzen Sie in den Formulierungsbeispielen die farbig gedruckten Wörter durch solche, die bei Ihrem Thema eine Rolle spielen.

> Die Eltern werden in diesem Beispiel dem Kind nicht gerecht, weil ...
> Eine sinnvolle Handlungsalternative für die Eltern wäre ...
> Zu einem möglichen Handlungskonzept der Eltern könnte auch gehören, ...
> Auch an anderer Stelle/in anderer Hinsicht wären Eingriffe sinnvoll: ...
> Die Eltern hätten eher/müßten/sollten/könnten vielmehr ...

8. Einen Schluß formulieren

Sachtexte sollten nicht abrupt enden. Sie brauchen eine Abrundung, **zumindest einen Schlußsatz**, der noch einmal das ganze abgehandelte Thema in den Blick nimmt. Manchmal werden auch mehrere Schlußsätze erwartet.

Für Schlußsätze eignen sich:
♦ ein Wiederaufgreifen des Gedankens, der in der Einleitung im Mittelpunkt gestanden hat (um den Text abzurunden)
♦ eine pointierte, zusammenfassende Formulierung der eigenen Meinung
♦ eine Bemerkung zur gesellschaftlichen Wichtigkeit des Themas

53 Betrachten Sie noch einmal das Diagramm „Erwerbstätige im Jahresdurchschnitt" auf S. 61 und die Beschreibung des Diagramms auf S. 63. Formulieren Sie zu dieser Beschreibung einen Schlußsatz.

54 Auf S. 70 haben Sie eine Stellungnahme zu dem Artikel „Wunderdroge ..." geschrieben (vgl. Ü. 41). Formulieren Sie einen Schlußsatz zu Ihrer Stellungnahme.

9. Besondere Schwierigkeiten meistern

Wenn Sie in Klausuren Fehler machen, dann häufen sich diese oft in ganz bestimmten Bereichen. Daher kann man Fehlerquellen ganz gezielt angehen. Im folgenden sind typische Fehlerbereiche zusammengestellt.

Alles logisch ordnen

Die Qualität Ihres Textes hängt unter anderem davon ab, ob Sie in der Lage sind, die eigenen Gedanken in einer schlüssigen logischen Ordnung zu Papier zu bringen. Vielen fällt das nicht leicht. In Ihrem Kopf sind Themen nämlich eher wie Cluster (vgl. S. 21) oder wie „Denk-Zentralen" (vgl. S. 22) organisiert, also ganz anders als in einem fortlaufenden Text, wie er in Klausuren oder Hausaufgaben von Ihnen verlangt wird.

Wenn es um die Logik der Textorganisation geht, kann man mit relativ wenigen Wörtern schon viel bewirken. Es lohnt sich, die sprachlichen Mittel logischer Verknüpfung einmal genau zu studieren und sich das ganze Spektrum anzueignen.

Satzanfänge für alle Gelegenheiten

Die einfachste Art logischer Verknüpfung ist die, etwas über die **Reihenfolge der Gedanken** auszusagen.

55 Ergänzen Sie jede unterstrichene Formulierung durch eine ähnliche Redewendung. Durchforsten Sie dazu eigene Klausuren und Klausurtexte von Mitschülerinnen und Mitschülern, die gut schreiben können.

Zu Beginn präsentiert die Autorin …

_____

Die Autorin weist außerdem darauf hin, daß …

_____

Ein weiterer Aspekt wird im vierten Abschnitt thematisiert: …

_____

In einem weiteren Schritt stellt die Autorin klar, daß …

_____

Im nächsten Abschnitt erweitert sie die Problemstellung um die Frage, wer …

_____

Schließlich ergänzt die Autorin ihre Ausführungen mit dem Hinweis, daß …

_____

Abschließend stellt der Autor fest, daß …

_____

Legen Sie die von Ihnen ergänzte Liste mit Formulierungshilfen bereit, wenn Sie den nächsten Aufsatz zu schreiben haben.

Verknüpfungswörter

Neben Angaben zur gedanklichen Reihenfolge gibt es in Texten viele weitere Möglichkeiten logischer Verknüpfung. Erweitern Sie gezielt Ihr Repertoire.

> Achtung: Es gibt verschiedene logische Verknüpfungswörter!
> Wenn Sie logische Zusammenhänge mit einer **unter**ordnenden **Konjunktion** ausdrücken, erhalten sie **Neben- und Hauptsatz**. Es muß ein **Komma** stehen.
> Beispiel: <u>Als</u> er das Haus betrat (Nebensatz), ging plötzlich das Licht aus (Hauptsatz).
>
> Wenn Sie logische Zusammenhänge mit einem **Adverb** ausdrücken, erhalten Sie **zwei Hauptsätze**. In der Regel steht zwischen ihnen ein **Punkt**.
> Beispiel: Er betrat das Haus. <u>Da</u> ging plötzlich das Licht aus.

56 Welche der folgenden Konjunktionen und Abverbien drücken logisch dasselbe aus? Füllen Sie die mittlere Spalte aus. Zum Teil passen mehrere Adverbien zu einer Konjunktion.

Unterordnende Konjunktionen	Dazu paßt folgendes nebenordnendes Bindewort	Adverbien und Konjunktionen, die nebengeordnete Sätze einleiten
weil	_____	zugleich
obwohl	_____	folglich
während	_____	danach
damit	_____	denn
nachdem	_____	dennoch
so daß	_____	dann
da /weil	_____	trotzdem
indem	_____	deswegen, -halb
bevor/ehe	_____	dafür
		vorher
		dadurch
		davor
		daher
		dazu
		dabei
		darum

57 Ordnen Sie die oben aufgelisteten Konjunktionen und Adverbien nach dem logischen Aspekt. Manchmal kann man einer Konjunktion mehrere Adverbien zuordnen, manchmal gibt es kein passendes.

Es geht um: Sie verwenden: Die logische
                                                              Verknüpfung ist:

	Unterordnende Konjunktion	Nebenordnendes Bindewort	
den Grund	*weil/da*	_____	kausal
den Zweck	_____	_____	final
die Bedingung	_____	_____	konditional
das Ziel	_____	_____	final
die Folge o.	_____	_____	konsekutiv
Konsequenz	_____	_____	konsekutiv
die Art und Weise	*indem*	_____	modal
eine Ein- räumung bzw. ein Zuge- ständnis	_____	_____	konzessiv
die Zeit	_____	_____	temporal
	_____	_____	
	_____	_____	
	_____	_____	

Logik tappt in die Satzbaufalle

58 Verbinden Sie die beiden folgenden Sätze auf verschiedene Weisen logisch miteinander. Finden Sie wenigstens drei Verknüpfungen.
Der Junge weinte. Er hatte sich am Knie verletzt.

_____

_____

_____

_____

_____

59 Lesen Sie die folgenden beiden Sätze, und füllen Sie dann die leeren Zeilen aus.
Wir sind froh. Wir haben es hinter uns.

Wir sind froh, weil wir es hinter uns haben.

Wir sind froh; denn _____

Weil wir es hinter uns haben, _____

Wir haben es hinter uns. _____ sind wir froh.

Wir haben es hinter uns. Trotzdem _____

_____ wir es hinter uns haben, sind wir froh.

> Achtung:
> In Sätzen mit **unterordnenden Konjunktionen** (weil, wenn, als usw.) steht
> das **Prädikat am Ende**. An beidem erkennt man einen **Nebensatz**.
> Werden **nebenordnende** Bindewörter als Verknüpfungswörter gewählt,
> stehen alle Teile des **Prädikats** in der Regel weiter **vorne im Satz**. An bei-
> dem erkennt man einen **Hauptsatz**.

60 Unterstreichen Sie in den Übungen 58 und 59 alle Konjunktionen, unterschlängeln Sie die nebenordnenden Bindewörter. Kreisen Sie dann in jedem Nebensatz
das Prädikat ein. Achtung, das Prädikat kann aus zwei Teilen bestehen!

61 Prüfen Sie, ob Sie in Übung 58 die Satzzeichen korrekt gewählt haben.

62 Im folgenden lesen Sie jeweils zwei Sätze. Welcher ist falsch? Verbessern Sie,
indem Sie Wörter umstellen.
Er weint, weil er hat sich am Knie verletzt.
Er weint; denn er hat sich am Knie verletzt.

Verbesserung: _____

_____

Sie hatten gute Laune, obwohl der Urlaub vorbei war.
Sie hatten gute Laune, trotzdem der Urlaub vorbei war.

Verbesserung: _____

_____

Redewendungen

Trauen Sie Ihrem Formulierungsgeschick immer noch nicht ganz? Sie können zusätzlich auf ein paar Redewendungen zurückgreifen.

63 Legen Sie ein Repertoire solcher Redewendungen für verschiedene Zwecke an. Ergänzen Sie in der folgenden Liste jeweils Formulierungen, die Ihnen einfallen. Sie können auch gute Klausurtexte Ihrer Kurskameraden/-kameradinnen auf passende Redewendungen hin durchsehen.

① hervorheben
Ganz besonders deutlich wird dies in Zeile ...

_____

_____

② einschränken
Das gilt allerdings nicht uneingeschränkt; denn ...

_____

_____

③ Ansichten/Meinungen zuordnen
Folgt man A. Sentker, dann ...

_____

_____

④ Begriffe klären
Darunter versteht A. Sentker offensichtlich ...

_____

_____

⑤ Beispiele anführen
Was damit gemeint ist, läßt sich mit Hilfe eines Beispiels verdeutlichen. Im ... Abschnitt heißt es, daß ...

_____

_____

⑥ Ergebnisse zusammenfassen
Mein Resümee lautet daher: ...

_____

_____

Wenden Sie die von Ihnen gefundenen Formulierungen bei Hausaufgaben probeweise an. Prägen Sie sich Redewendungen, die Sie nützlich finden, auch für Klausuren ein.

Falsche Ebene

Wenn Sie komplexere Sachtexte schreiben müssen, dann bewegen Sie sich gedanklich oft auf ganz verschiedenen Ebenen. Passen Sie dann nicht auf, geraten Ihnen die Ebenen durcheinander. Das hört sich dann, z.B. in einer Politik-Klausur, so an:

„Man ist auch entsetzt über die Massenvernichtung der Juden durch Filme.“

64 Unterstreichen Sie in diesem Satz das Wort, das Ihnen am unpassendsten erscheint.

65 *„Man ist auch entsetzt über die Massenvernichtung der Juden ... “.* Wie könnte der Gedanke, der in dem mißratenen Satz ausgedrückt werden soll, sinnvoll weitergehen?

... der Juden _____

_____

_____

66 *Man ist möglicherweise auch entsetzt ... “* Wie könnte dieser Satz sinnvoll weitergehen?

... entsetzt _____

_____

_____

Eine Schülerin muß eine Klausur in Erziehungswissenschaft schreiben. Sie bekommt einen Text, in dem es um Interaktionstheorien geht und in dem verschiedene Ansätze zur Erklärung abweichenden Verhaltens dargestellt werden. Der Text sagt u.a., einige Biologen gingen davon aus, daß es eine Veranlagung zu abweichendem Verhalten gebe und daß diese Veranlagung angeboren sei.

Die Schülerin hat im Unterricht erfahren, daß ihre Pädagogiklehrerin diese Sichtweise für konservativ hält. Der Klausurtext verweist auch auf Sozialwissenschaftler, welche annehmen, daß abweichendes Verhalten eher die Folge einer bestimmten sozialen Prägung sei. Die Schülerin weiß, daß solche Autoren bei vielen Pädagogen als progressiv gelten. In ihrer Klausur schreibt sie:

„Die konservative Einstellung ist vererbt, und die progressive Haltung wird durch die Umwelt geprägt.“

Was ist hier durcheinandergeraten?

	Tatsächlicher Sachverhalt	Darstellung der Schülerin
Ebene 1: Aussage über …	angeborene Veranlagung (Vererbung)	angeborene Veranlagung (Vererbung)
Ebene 2: als vermutete Ursache für …	abweichendes Verhalten	konservative Einstellung
Ebene 3: Ansicht, die vertreten wird von …	Biologen	
Ebene 4: Bewertung dieser Sichtweise durch Pädagogen	konservative Einstellung	

67 Welche Ebenen hat die Verfasserin in ihren Gedanken „weggekürzt"?

68 Wenn Sie der Schülerin am Rand ihrer Klausur erklären müßten, inwiefern sie gedanklich auf die falsche Ebene geraten ist, was würden Sie schreiben?

69 Die Schülerin hat einen weiteren Denkfehler gemacht: Sie hat „progressiv" mit „durch die Umwelt geprägt" verbunden. Entwerfen Sie ein weiteres Schema mit verschiedenen Ebenen. Machen Sie der Schülerin darin deutlich, in welchen gedanklichen Zusammenhang das Wort „progressiv" gehört und warum sie es falsch eingeordnet hat.

Beziehungsfehler

Was ist in dem folgenden Text passiert?

Clever und Smart wollen einen Stein aus einer Mauer ziehen. Sie verankern ein Seil an dem Stein und binden es an ein Motorrad, das von Clever gefahren wird. Smart sitzt hinten auf dem zweiten Sitz und verspricht, Bescheid zu sagen, wenn er sich lockert.

70 Bei welchem Wort haben Sie gestutzt? Kreisen Sie es ein.

71 Machen Sie durch Linien von diesem Wort zu anderen Wörtern klar:

⟶ = Das war gemeint.

⤏ = Das wurde leider gesagt.

72 Verbessern Sie nun den Satz, der mißlungen ist:

_____

_____

73 In den folgenden beiden Sätzen hat der Autor ein Wort vergessen. Können Sie es finden?

Der Text stellt die Persönlichkeit Bismarcks dar. Er wird ganz außergewöhnlich beschrieben.

Fehlendes Wort: _____

74 Falls Sie die Aufgabe nicht lösen können, sollten Sie die folgende Frage beantworten. Richtige Antwort bitte ankreuzen.

Was soll mit dem letzten Satz vermutlich ausgesagt werden?

❏   a. Daß dem Verfasser des Textes die Beschreibung außergewöhnlich gut gelungen ist.

❏   b. Daß sich aus dem erwähnten Text ergibt, Bismarck sei eine außergewöhnliche Persönlichkeit gewesen.

❏   c. Daß der erwähnte Text eine ungewöhnliche Methode wählt, um Bismarck zu beschreiben.

☞ Solche Fehler treten häufig auf bei Verben wie:
  – beschreiben
  – darstellen
  – schildern
  – abbilden
  – charakterisieren

Immer wieder findet man Texte ungeübter Schreiber/innen, in denen an der Stelle, auf die es hier ankommt, das „als" fehlt. Festigen Sie mit der folgenden Übung ihre sprachliche Sicherheit, um nicht in diese Falle zu tappen.

75 Formulieren Sie mit den folgenden Wortreihen ganze Sätze.

① Dieser Historiker / darstellen / Außenpolitiker Willy Brandt / bedeutend.

_____

_____

_____

_____

② In dieser Graphik / abgebildet / die Exportströme in die Nachbarländer / sehr unterschiedlich.

_____

_____

_____

_____

③ Aufsatz / kennzeichnen / das Hormon Melatonin / problematisch.

_____

_____

_____

_____

Überprüfen Sie, ob sie in allen Fällen „als" verwendet haben.

Den Ausdruck verbessern

Bei ungeübten Schreiberinnen und Schreibern steht oft ein „A" am Rand von Klausuren. Der **A**usdruck ist beanstandet worden. In diesem Fall können Sie sich dadurch verbessern, daß Sie ab und zu Texte von der Sorte lesen, die von Ihnen in einer Klausur verlangt werden. Bitten Sie Ihren Lehrer/Ihre Lehrerin, Ihnen Texte zu benennen, die Sie – z.B. in der Schulbücherei – einmal ausleihen könnten, um durch Lektüre Ihr Ausdrucksvermögen zu verbessern.

76 Notieren Sie. Vom Lehrer/Von der Lehrerin empfohlene Titel:

_____

_____

_____

_____

Außerdem können Sie gezielt die folgenden Übungen machen.

„Raus oder rein?" – Die falsche Perspektive

Eine stilistische Falle, in die viele immer wieder tappen, ist die mangelnde Unterscheidung zwischen **hin**aus und **her**aus, **hin**ein und **her**ein, **hin**über und **her**über etc.

77 Streichen Sie jeweils die falsche Bezeichnung durch.
⊚   ist der Standpunkt des Sprechers.

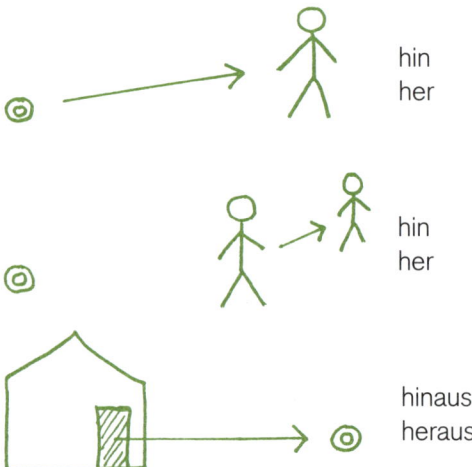

hin
her

hin
her

hinaus
heraus

78 Zeichnen Sie mit ein paar Strichen die folgenden Situationen. Zeichnen Sie dabei den Standpunkt des Sprechers/Betrachters mit ein.

① Er kommt zu uns über die Straße herüber.

② Sie warf den Ball über die Straße hinüber.

③ Die Maus kommt aus ihrem Loch heraus.

„Die Abzugspläne aus Jugoslawien" – Gedankliches Kuddelmuddel

1995 wurde im ehemaligen Jugoslawien ein US-amerikanisches Flugzeug von Serben abgeschossen. Der Pilot konnte sich mit dem Schleudersitz retten und versteckte sich mehrere Tage im Gelände, bis er von einem amerikanischen Hubschrauber-Kommando geborgen wurde. Über dieses Ereignis erschien eine Pressemeldung, in der es hieß:

> „Der Präsident war sehr erfreut über die Befreiungsaktion des abgeschossenen amerikanischen Piloten."

Wer hat hier eine Befreiungsaktion durchgeführt? Wer ist befreit worden? Finden Sie diese Aussage auch verwirrend? Wie entsteht diese Verwirrung?
Offensichtlich ist die logische Beziehung zwischen den einzelnen Teilaussagen, die hier durch eine Präposition und einen bestimmten Artikel im Genitiv ausgedrückt werden müßte, nicht geklärt. Der Satz hätte lauten müssen:
„Der Präsident war sehr erfreut über die Aktion zur Befreiung des abgeschossenen amerikanischen Piloten."

79 Spüren Sie in den folgenden Sätzen ähnliche Formulierungsprobleme auf. Unterstreichen Sie die Ihrer Meinung nach mißlungenen Formulierungen, und schreiben Sie eine verbesserte Fassung.
Hinweis: Manchmal müssen Sie größere Teile des Satzes neu schreiben, manchmal nur ein einziges Wort.
① Bei der Nato wurden gestern erneut Abzugspläne aus dem ehemaligen Jugoslawien diskutiert.

_____

_____

② Zwei hauptsächliche Umgehensarten mit dieser Schwierigkeit findet man immer wieder.

_____

_____

③ Er ist ein dreistöckiger Hausbesitzer.

_____

_____

④ 1908 kommt er als Lehrling zu einem Fleischermeister, der seine hervorragen-
   de Arbeitshaltung ausnutzt, indem er jeden Tag bis spät am Abend arbeitet.

_____

_____

⑤ Je nach sozialer Lage haben diese Erfahrungen eine sehr andere Bedeutung für
   Kinder.

_____

_____

⑥ Vom Äußeren her wirkt er auf seine Umgebung eher abstoßend als beliebt.

_____

_____

⑦ Das Buch Moses spielt sich im Nahen Osten ab.

_____

_____

⑧ Er erhält einen Zettel, wo draufsteht, daß Rußland mit dieser Regelung nicht
   einverstanden sei.

_____

_____

⑨ H. stellt das Leben bewußt sinnlos dar.

_____

_____

80 Im folgenden Beispiel sind zwei verschiedene Formulierungen unsinnig miteinander vermischt worden. Das passiert ungeübten Schreibern öfter.
„Die Bedeutung der Zwillingsforschung ist meiner Meinung nach sehr wichtig.“
Finden Sie die hier unglücklich vermischten Formulierungen heraus, und notieren Sie.

Formulierung I: _____

Formulierung II: _____

81 Schreiben Sie den mißglückten Satz nun um.

Mit Formulierung I: _____

_____

Mit Formulierung II: _____

_____

82 Setzen Sie das richtige Wort ein.

unterschiedlich (mit „und" verbunden) X **u**nd Y sind **u**nterschiedlich	**anders/anderer etc.** (mit „als" im Vergleich) X ist **a**nders **a**ls Y

anders _____
unterschiedlich

① An der West- und an der Ostküste ist das Klima sehr _____

② In Frankreich sind die Essensgewohnheiten ganz _____ in

Deutschland.

③ In Norditalien gibt es breitere Schichten mit mittlerem und hohem Einkom-

men. In Süditalien ist das _____

④ Nord- und Süditaliener haben auch _____ kulturelle Iden-

titäten.

⑤ Bei gleicher Augenfarbe kann die Haarfarbe sehr_____ sein.

83 Finden Sie wieder das richtige Wort. Ergänzen Sie.

wo (geograph.) Ort **wohin** Richtung	**in/bei/zu/wozu** logische Bezeichnung für Zugehörigkeit, Zeit- angaben usw.

① Nach der Lehre, _____ er sich als sehr talentiert erweist, verläßt

er seine Heimatstadt München.

② In Berlin, _____ er einen Betrieb eröffnet, macht er die er-

sten Entdeckungen.

③ Er tritt einer Partei bei, _____ er bereits in München einmal Kon-

takt aufgenommen hatte.

④ Schließlich zieht er nach Hamburg, _____ ihm seine Familie

folgt.

⑤ In der Zeit, _____ er eine Firma aufbaut, ruhen seine politischen

Aktivitäten.

„Ähnlichkeit zur Situation in Polen" – Tückische Präpositionen

Natürlich muß es heißen: „Ähnlichkeit **mit** der Situation in Polen". (Im Englischen
heißt es: similar **to**. Vielleicht liegt hier eine Verwechslung mit dem Englischen vor.
Solche Verwechslungen sind oft die Ursache von Fehlern.)
Unterlaufen Ihnen Fehler mit Präpositionen häufiger? Dann sollten Sie die folgenden Übungen angehen.

84 In den folgenden Sätzen, die Aufsätzen entnommen wurden, haben Schülerinnen und Schüler unpassende Präpositionen gewählt oder die Präposition ganz
vergessen.
Notieren Sie eine richtige Präposition am Rand, und schreiben Sie anschließend
die korrigierten Sätze auf ein Blatt Papier. Oft müssen Sie zusätzlich bei einem
Substantiv die Endung ändern.

Die richtige Präposition:

① _____ Er erfreut sich über alles.

② _____ Dem Vater sind die Äußerungen des Kindes auf die Situation
nicht aufgefallen.

③ _____ Mit dem Weinen drückt das Kind die Abneigung seines Umzugs
ins Internat aus.

④ _____ Ein Vergleich von Spanien zu Frankreich ergibt, daß Spanien ein
wärmeres Klima hat.

⑤ _____ Die Unzufriedenheit über die Regierung ist gewachsen.

⑥ _____ Er hatte eine Ahnung über die politischen Folgen.

⑦ _____ Er freut sich an dem Sieg.

⑧ _____ Diese Theorie kann man für die Entwicklung im 3. Reich durchaus anwenden.

85 Notieren Sie hinter den angegebenen Wörtern passende Präpositionen. Schreiben Sie dann auf einem Blatt Beispielsätze mit diesen Wörtern.

mit	zu	auf	bei	über	gegen	an
	von	für	aus	zu	nach	vor

gerecht	_____	Überfluß	_____
gewöhnt	_____	Zugang	_____
vertraut	_____	Bedürfnis	_____
inspiriert	_____	Bedarf	_____
geeignet	_____	Appetit	_____
grausam	_____	Ähnlichkeit	_____
bedacht	_____	Anzeichen	_____
gerecht	_____	Anspruch	_____
erstaunt	_____	Respekt	_____
anspielen	_____	Konsequenz	_____
ableiten	_____	Bewerber	_____
überzeugen	_____	Übereinstim-mung	_____
reduzieren	_____	Analogie	_____
resultieren	_____	Appell	_____
spekulieren	_____	Patent	_____
sich speziali-sieren	_____	Professor	_____
provozieren	_____		
profitieren	_____		

 Tip: Wenn Sie unsicher sind, welche Präposition nach einem Wort folgt, können Sie in einem deutsch-englischen oder deutsch-französischen Wörterbuch nachschlagen. Dort sind die passenden Präpositionen in der Regel vermerkt. Im Duden „Rechtschreibung" z.B. fehlen sie leider.

Die Präposition „durch" ist besonders tückisch. Sie verursacht viele sprachliche Mißgriffe. Für manchen Schreiber ist sie **die** Allerwelts-Präposition. Oft wird vergessen, daß es andere Wörter gibt, die meist viel passender sind.

durch

wegen   im Hinblick auf

    aufgrund   mit Hilfe

vor/auf dem Hintergrund von

      im Zusammenhang mit

86 Finden Sie für die folgenden Sätze ein passendes Wort, das die Präposition „durch" ersetzen kann. Schreiben Sie den Teil des Satzes, in dem „durch" ersetzt werden soll, auf.

① Durch sein Sendungsbewußtsein betrachtete er sich als Führer des Volkes.

② Durch die schlechte Beziehung zwischen Vater und Kind ergibt sich natürlich eine weitere Frage: Welche Rolle spielt die Mutter?

③ Durch ihre Toleranz und Offenheit existierte das „Judenproblem" für viele andere gar nicht.

④ Durch ihre Intelligenz fühlt sie sich als etwas Besseres.

„Rational" und „rationell" – Die Fremdwortfalle

In vielen Sachtexten werden Fremdwörter verwandt. Daher fühlen sich auch viele Schülerinnen und Schüler, die über Sachtexte schreiben müssen, gedrängt, Fremdwörter zu benutzen.

Die im folgenden zusammengestellten Fremdwörter kommen in solchen Hausaufgaben und Klausuren häufig vor – und leider oft in falschem Zusammenhang.

87 Kreuzen Sie rechts und links an, welche der angegebenen Ersatzwörter passend sind.

rationell		rational
❐	a. kostensparend	❐
❐	b. verstandesmäßig	❐
❐	c. wirtschaftlich	❐

formell		formal
❐	a. die Form betreffend	❐
❐	b. rein äußerlich	❐
❐	c. förmlich	❐

psychisch		**psychologisch**
❐	a. geisteskrank	❐
❐	b. seelenkundlich	❐
❐	c. seelisch	❐

sozial		**soziologisch**
❐	a. menschenfreundlich	❐
❐	b. im Rahmen der Gesellschaftslehre	❐
❐	c. gemeinschaftsbezogen	❐

88 Tragen Sie das richtige Wort ein.

rationell   **rational**

① Die Firma muß _____ produzieren, um konkurrenzfähig zu bleiben.

② Die Handlungen vieler Geisteskranker sind _____ zunächst nicht nachvollziehbar.

③ Die Wissenschaft muß sich um _____ Forschungsmethoden bemühen; denn die Mittel sind auch in diesem Bereich knapp.

formell   **formal**

④ Bei der Bewertung von Aufsätzen spielen auch _____ Dinge durchaus eine Rolle.

⑤ Der Abschluß des Vertrages mit Österreich war dann nur noch eine _____ _____ Angelegenheit.

⑥ Der Empfang der ausländischen Botschafter läuft in der Regel sehr _____ _____ ab.

psychisch   **psychologisch**

⑦ Die Frage ist, ob Kinder nach der Trennung der Eltern in jedem Fall _____ Probleme entwickeln.

⑧ Der Patient zeigte körperliche und _____Symptome.

sozial   **soziologisch**

⑨ Eine _____ Betrachtung des Phänomens ergibt, daß junge Männer etwa zu 70 % beteiligt sind.

⑩ Wenn man die Frau verstehen will, muß man auch ihre _____ _____Verhältnisse betrachten.

Wortmüll – überflüssig

Wortmüll ist *gewissermaßen irgendwie echt* eine Katastrophe. Er ist *regelrecht* überflüssig.

Es gibt Schreiberinnen und Schreiber, die scheinen in ein bestimmtes Wort verliebt zu sein. Manchmal handelt es sich dabei um kurze Wörter wie „auch" oder „jedoch", die eine bestimmte logische Funktion haben. An vielen Stellen eines Textes gibt es für die Verwendung eines solchen Wortes keinen logischen Grund; trotzdem wird es dort eingesetzt. Der Schreiber möchte mit dem Wort „aber" bzw. „jedoch" eigentlich gar nichts aussagen; es handelt sich um inhaltsleeren Sprachmüll. Da korrigierende Lehrerinnen und Lehrer jedoch jedes Wort ernst nehmen (müssen), wird der Sprachmüll mit Bemerkungen wie „falscher logischer Anschluß" usw. als Fehler angestrichen.

89 Finden Sie in den folgenden kurzen Texten solchen Sprachmüll. Stellen Sie fest, welchen Wort-„Tick" der Schreiber wohl gehabt hat.
Streichen Sie die Wörter durch, für deren Verwendung es Ihrer Meinung nach keinen zwingenden Grund gibt. Achtung: Das Wort, um das es geht, ist nicht an allen Stellen unpassend!

① *Also die Schule hat er immer gehaßt. Er hatte immer Angst vor einigen Lehrern, und seine Noten waren oft miserabel. Also gab es bei ihm zu Hause öfters heftige Auseinandersetzungen. Der Vater war so veranlagt, daß er also immer eine Tracht Prügel erwarten mußte.*

② *In der siebten Klasse war er es irgendwie leid, immer nur als Streber angesehen zu werden. Er schloß sich einer Gruppe von Schülern an, die im Unterricht nicht sehr aufmerksam waren. Dadurch stieg sein Ansehen in der Klasse irgendwie. Aber seine Leistungskurve zeigte dann irgendwie nach unten. Während er in den ersten Schuljahren einen Notendurchschnitt von 2 gehabt hatte, lag er jetzt bei 3 bis 4. Irgendwie – die genauen Gründe werden in dem Text nicht mitgeteilt – ist es ihm dann im zehnten Schuljahr gelungen, seine Leistungen wieder zu verbessern und dabei sein hohes Ansehen in der Klasse zu behalten.*

„Die Folge der Erziehung der Eltern für das Kind" – Substantiv-Ketten

„Die Folge der Erziehung der Eltern für das Kind" – Nominalstil nennt man eine solche Aneinanderreihung von Nomen. Entweder durch Präpositionen oder durch Genitiv-Verknüpfung werden – besonders in der Verwaltungssprache – wahre Stilungeheuer produziert.

In Klausuren sollten Sie auf den Nominalstil verzichten. Gewöhnen Sie sich daran, lange Substantiv-Ketten dadurch zu vermeiden, daß Sie häufiger zu einem **Verb** greifen und dafür nötigenfalls auch Nebensätze bilden.

90 Lösen Sie die folgenden Sätze so auf, daß einige Substantive durch Verben ersetzt werden.

① Der Produktionsrückgang ist die direkte Folge der Verkleinerung der Getreideanbaufläche nach Einführung der Flächenstillegung.

② Die Folge der strengen Erziehung der Eltern für das Kind war vorauseilender Gehorsam gegenüber Autoritätspersonen.

③ Nach dem Krieg gegen Frankreich als Schwächung des äußeren Feindes versuchte Bismarck mit Hilfe von Sozialgesetzen eine Kontrolle über die die herrschende Schicht bedrohenden Kräfte innerhalb des eigenen Staates in Gestalt der Industriearbeiterschaft.

④ Die Hühnerhaltung in Form von Legebatterien in Tausenden von übereinandergestapelten Käfigen führt zu sehr wenig Bewegungsfreiheit der Hennen.

Eine „Antenne" für Kommas

Die wichtigsten Kommaregeln

Kommas stehen:

1. zwischen Haupt- und Nebensatz (Gliedsatz) und zwischen Nebensätzen unterschiedlichen Grades

Beispiel: Er sah, daß er schneller rudern mußte,

<u>Hauptsatz</u>   <u>Nebensatz (1. Ordnung)</u>

wenn er das andere Boot noch einholen wollte.
<u>Nebensatz (2. Ordnung)</u>

2. bei Aufzählungen, falls die Elemente nicht durch „und" bzw. „oder" verbunden sind

Beispiel: Die Exporte dieser Branche gehen hauptsächlich nach Frankreich, in die USA und nach Kanada.

3. vor und nach Einschüben und Zusätzen wie „z.B.", „d.h.", „und zwar", „nämlich"

Beispiele: Theodor Heuss, der erste Bundespräsident, gehörte der FDP an. Die meisten europäischen Nationen, z.B. die Franzosen und die Briten, lebten längst in einem einheitlichen Staat.

4. oft vor entgegensetzenden Wörtern wie „aber", „jedoch", „sondern"

Beispiel: Dieser Teil des Landes verzeichnet im Winter einige Niederschläge, im Sommer aber eine große Trockenheit.

Diese Regeln, die einen Großteil der Kommas abdecken, haben Sie relativ schnell gelernt. Sie bleiben auch nach der Rechtschreib-Reform bestehen. Es lohnt sich also wirklich, sie zu üben. Vielleicht sind sie Ihnen auch schon längst bekannt. Und trotzdem vergessen Sie im Eifer des Gefechts, die Kommas zu setzen. Wie kommt das?

Im Bereich der Zeichensetzung verfügen viele mehr oder weniger über das nötige Wissen; **anwenden** können sie es jedoch kaum. Das hängt damit zusammen, daß man beim Schreiben von Texten meist ganz auf den Inhalt konzentriert ist. Kommas setzt man dann nur, wenn man eine „Antenne" dafür hat, wenn man also an bestimmten Stellen eines Satzes merkt, daß ein Komma notwendig sein könnte. Die folgenden Übungen sollen Ihnen helfen, sich eine solche „Antenne" zuzulegen.

Jedes kompliziertere Satzgefüge sendet Signale aus, aufgrund derer geübte Schreiberinnen und Schreiber fast automatisch Kommas setzen. Diejenigen, die viele Kommafehler machen, registrieren diese Signale gar nicht. Sie haben eben keine „Antenne" dafür. Konzentrieren Sie sich zunächst auf die wichtigsten Signale in Sätzen, die Ihnen nahelegen: „Achtung, Komma!"

Signalwort: unterordnende Konjunktion

| als | weil | bevor | nachdem | | | | obwohl |
| ehe | indem | damit | daß | sobald | da | wenn | so daß |

Solche unterordnenden Konjunktionen haben einen Nebensatz (Gliedsatz) im Schlepptau; dieser Nebensatz wird vom Hauptsatz durch Komma getrennt. Vgl. oben Regel 1.

91 Kreisen Sie im folgenden Text alle unterordnenden Konjunktionen ein. Überlegen Sie dann, wo der Nebensatz auf den Hauptsatz trifft. Setzen Sie dort ein Komma. (Überprüfen Sie Ihren Erfolg erst, nachdem Sie Ü. 92 gemacht haben.)

Es ist notwendig daß wir mit den Bächen und Flüssen beginnen wenn von den Problemen des Meeres geredet werden soll. Daß die Nordsee nicht mehr intakt ist liegt am Umgang des Menschen mit den Flüssen. Die Elbe z.B. ist eine Autobahn für Schadstoffe weil Schwermetalle und Kohlenwasserstoffe in sie eingeleitet werden. „Obwohl wir in der Nordsee demnächst nur im Neopren-Anzug baden können tut sich zu wenig", sagt ein enttäuschter Biologe. Auch in der Verkehrspolitik habe sich nur wenig geändert obwohl immer mehr Menschen morgens im Stau stünden. Demnächst würden wir erst dann spazierengehen können wenn wir neben dem Regenmantel auch eine Gasmaske vom Haken genommen hätten. Dies ist auch wenn sie durch einige Untersuchungen gestützt wird eine sehr pessimistische Sicht. Unsere Politiker führen wenn man ihnen Glauben schenken darf laufend zähe Verhandlungen damit sich die Situation in den nächsten Jahren bessert.

Hinweis: Manchmal geht ein Nebensatz dem Hauptsatz voraus, oder er ist in einen Hauptsatz eingelagert.

HS
....

Daß .... NS .... ,

HS (Teil 1) .... , HS (Teil 2) ....

wenn .... NS .... ,

Dann müssen Sie rasch das **Ende des Nebensatzes** finden, um ein Komma setzen zu können. Dabei können Sie sich an folgende Faustregel halten: Nebensätze enden mit dem **Prädikat**. Es besteht aus einem Vollverb, das evtl. von ein, zwei oder gar drei Hilfsverben begleitet ist.
Setzen Sie das Komma also hinter das Prädikat des Nebensatzes.

92 Unterschlängeln Sie im Text von Übung 91 alle Prädikate von Nebensätzen. Vergewissern Sie sich, daß nach jedem Nebensatz-Prädikat ein Komma oder Punkt steht.

93 Unterschlängeln Sie im folgenden Text
① alle unterordnenden Konjunktionen (Beginn der Nebensätze)
② und die Prädikate (Ende der Nebensätze).
Fügen Sie dann die Kommas ein.

Während die Niederländer den Großteil ihres Trinkwassers aus dem Rhein beziehen müssen werden in Deutschland 70 % aus dem Grundwasser gewonnen. Dies ist prinzipiell von großem Vorteil weil die Oberflächengewässer in einem noch schlechteren Zustand als das Grundwasser sind so daß die Holländer mit großen Problemen zu kämpfen haben. Aber die Belastung des Grundwassers nimmt ebenfalls zu weil sich viele Landwirte umweltschädlich verhalten. Viel Nitrat gelangt ins Grundwasser nachdem es aus überdüngten Ackerflächen ausgespült worden ist. Weil mit Mineraldünger besonders hohe Erträge erwirtschaftet werden können sind Wein- und Gemüseanbaugebiete besonders davon betroffen. Die Situation relativiert sich jedoch wenn man sie international betrachtet. Während holländische Landwirte Anfang der achtziger Jahre 240 Kilo Nitrat je Hektar auftrugen waren es in Westdeutschland immerhin nur 113. Wenn man aber weiß daß in der Schweiz nur 30 Kilo verwendet wurden dann muß man zu dem Schluß kommen daß auch hierzulande wohl zu viel gedüngt wird.

Signalwort: Relativpronomen

der	dessen	dem	denen
die	deren	der	denen
das	dessen	dem	denen

Auch Relativpronomen haben einen Nebensatz im Schlepptau. Wo er beginnt oder aufhört, steht ein Komma.

Ein Memo-Tip: Nebensätze

Am Anfang des Nebensatzes: Am Ende des Nebensatzes:
<u>Konjunktion</u>   <u>Prädikat</u> + <u>Satzzeichen</u>
oder <u>Relativpronomen</u>
usw.
Beispiel: Die Verträge, die von der Vorgängerregierung geschlossen worden
              waren, mußten eingehalten werden.

---

94 Unterschlängeln Sie im folgenden Text
  ① alle Relativpronomen (Anfang des Nebensatzes),
  ② alle unterordnenden Konjunktionen (Anfang des Nebensatzes) und
  ③ alle Prädikate der Nebensätze (Ende des Nebensatzes).
Trennen Sie dann alle Nebensätze mit Kommas ab.

Die Trinkwasserkommission beim Bundesgesundheitsamt findet die Langzeitfolgen die sich aus dem Nitrateintrag der Landwirtschaft ergeben ebenfalls besorgniserregend. Obwohl der EU-Wert für gesundheitsschädliche Nitratkonzentrationen im Trinkwasser deutlich über demjenigen liegt den die US-amerikanischen Behörden festgesetzt haben wird die Lage in einigen Gebieten kritisch. Inzwischen sind sich viele Politiker einig daß Stickstoffdünger zukünftig in Grundwasser-Schutzzonen begrenzt werden muß selbst wenn Landwirte wirtschaftliche Nachteile erleiden. Bauern die auf ökologischen Anbau umgestellt haben sind hier im Vorteil weil die Kunden denen sie ihre Produkte verkaufen eine überdüngende Produktion ebenfalls ablehnen und nicht protestieren wenn sie für Waren aus umweltschonender Produktion höhere Preise zahlen müssen.

Sprachlich kennzeichnen, wer etwas sagt

Wenn Sie – z.B. in einem Klausurtext – einem Lehrer/einer Lehrerin etwas mitteilen, dann müssen Sie zwischen ganz unterschiedlichen **Typen von Mitteilungen** unterscheiden können. Ihre Leistung wird gemindert, wenn Sie dazu nicht in der Lage sind.

Wer etwas sagt	Vermittler/in	Adressat/in
Typ I: Ich selbst	⎯⎯⎯⎯⎯⎯⎯⟶	Lehrer/in (oder anderer Adressat)
Typ II: ein Autor/ eine Autorin, dessen/deren Text ich gelesen habe	⎯⎯ ich selbst ⎯⎯⟶	Lehrer/in (oder anderer Adressat)
Typ III: ein Autor/eine Autorin, dessen/deren Text ich gelesen habe	⎯⎯⎯⎯⎯⎯⎯⟶	Lehrer/in (oder anderer Adressat)

95 Klären Sie, welche der obigen Typen sie den folgenden Sätzen zuordnen würden. Typ I, II oder III?

① _____ Der Text bietet eine ganze Reihe von Argumenten.

② _____ In Zeile 15 erklärt der Autor, daß sich ein neuer Erziehungsstil entwickle.

③ _____ „Besonders montags können sich viele Kinder kaum noch auf den Unterricht konzentrieren."

④ _____ Diese These kann ich aufgrund eigener Erfahrungen bestätigen.

⑤ _____ Klar ist, daß der Autor von einem „Montagstief aufgrund von Wochenendstreß" ausgeht.

⑥ _____ Die Schülerinnen und Schüler seien schon nach wenigen Minuten unkonzentriert und verlören den Faden.

96 Ordnen Sie die folgenden Fachbegriffe den Mitteilungstypen I, II und III zu.

indirekte Rede	Konjunktiv
Zitat	Anführungszeichen/-striche
direkte Aussage/Rede	Paraphrase/Umschreibung
Indikativ	(Nach Mayer beginnt ...)

Typ I: _____

Typ II: _____

Typ III: _____

Konjunktiv der indirekten Rede

Tückisch ist die indirekte Rede. In ihr müssen Sie deutlich machen, daß Sie sich zwischen einen Text und einen Adressaten geschaltet haben, daß sie eine Information **vermitteln**:

ein Autor/eine Autorin, dessen/deren Text ich gelesen habe	—— ich selbst ⟶	Lehrer/in (oder anderer Adressat)

Wenn Sie das nicht tun, hört es sich so an, als ob die Position des Autors/der Autorin Ihre eigene sei. So entsteht Verwirrung. Um Klarheit zu schaffen, verwendet man in der **indirekten Rede**
♦ den **Konjunktiv der indirekten Rede**
♦ oder zumindest **andere sprachliche Mittel**, mit denen deutlich gemacht werden kann, daß es sich bei dem Mitgeteilten um die Äußerung eines/einer Fremden handelt und nicht etwa um eine eigene Äußerung.

97 Der folgende Text soll in der indirekten Rede stehen. Überprüfen Sie, ob Sie den Konjunktiv beherrschen. Die Verben sind unvollständig wiedergegeben. Ergänzen Sie.

> Einzusetzen ist eine Form von: betreiben, verleugnen, haben, preisgeben, gehen, sehen, schauen, einschließen, können, haben, bestehen, vorliegen

Die Regierung betreib _____ eine offizielle Vertuschungskampagne, welche die

Existenz einer Bedrohung verleugn _____ und alle, die in den letzten Monaten erhebliche Gefahren gesehen h _____en, der Lächerlichkeit preisg _____ .

Natürlich geh_____ es um hohe Politik. An warmen Sonnentagen s _____ man

das Problem mit bloßen Augen, wenn man über die Feldmauern schau _____ ,

die die engen Straßen auf dem Land wie Labyrinthgänge einschl _____en. Be-

fragte Wissenschaftler h _____ en erklärt, daß man die Schäden nicht mit Si-

cherheit beweisen k _____. Vertreter des Bauernverbandes h _____ erklärt, es

best _____ gar kein Zweifel, daß eine Schädigung vorl _____ .

Falls Sie Probleme mit dem Konjunktiv hatten, können Sie die folgenden Übungen anschließen.

Regel 1:
In der **indirekten Rede** verwendet man überall da, wo es möglich ist, den **Konjunktiv I**.
Beispiele: Er behauptet, der Krieg <u>sei</u> deswegen ausgebrochen, weil ...
Schon im antiken Griechenland <u>habe</u> es eine Demokratie <u>gegeben</u>.
Der Autor sagt, der Wasserspiegel <u>gehe</u> deswegen zurück, weil ...

Regel 2:
Dieser **Konjunktiv I** wird **von der Infinitivform** (sein, haben, gehen etc.) **abgeleitet**.

Regel 3:
Er kann immer in der 3. Person Singular verwendet werden. (Für andere Personen muß man meist auf den Konjunktiv II ausweichen; vgl. Regel 6.)
Beispiel: Er meint, daß auch England stark aufgerüstet <u>habe</u>.

---

98 Verwenden Sie in den folgenden Sätzen den Konjunktiv I der aufgeführten Verben (in der gegebenen Reihenfolge).

haben, sein

Das Parlament _____versucht, die Katholiken von Staatsämtern fernzu-

halten. Schließlich _____ ein Ausgleich zwischen Krone und Parlament

hergestellt worden.

müssen, dürfen, können, bestehen, sein

Die Legislative _____ nach öffentlich bekanntgemachten, festen

Gesetzen regieren. Es _____ nur ein Maß für Reich und Arm geben. Die Regierung _____ ihre Gewalt nicht auf irgendeinen anderen übertragen. So lange die Regierung _____, _____ die Legislative die höchste Gewalt.

Regel 4:
Aus einer **Präteritumform** in der direkten Rede wird bei der Umwandlung in den Konjunktiv I eine **Perfektform.**
Beispiele: Das Parlament <u>wählte</u> den Präsidenten <u>ab</u> (Präteritum/direkte Rede). ➤ Das Parlament <u>habe</u> den Präsidenten <u>abgewählt</u> (Perfekt/Konj. I).
Der König <u>wurde abgesetzt</u>. ➤ Der König <u>sei abgesetzt worden</u>.

Regel 5:
Werden **zusammengesetzte Verben** (ist abgesetzt worden) in den Konjunktiv I verwandelt, dann ist davon nur das erste, das konjugierte Hilfsverb betroffen (<u>sei</u> abgesetzt worden).

---

99 Setzen Sie die folgenden Sätze in die indirekte Rede.
① Im 17. Jahrhundert konnte sich das Parlament gegen Versuche des Königs, absolutistisch zu regieren, erfolgreich durchsetzen.
② Nach der Hinrichtung Karls I. wurde England für elf Jahre zur Republik.

Regel 6:
In vielen Fällen kann der Konjunktiv I nicht verwendet werden, weil er mit der Indikativform identisch wäre. **Dann** muß man **auf den Konjunktiv II ausweichen.**

Regel 7:
Der **Konjunktiv II** wird von der **Vergangenheitsform** abgeleitet. Dabei tritt bei starken Verben oft ein Umlaut (ä, ö, ü), ein.

Beispiele:

Direkte Rede	**Indirekte Rede**
Er erklärte: „Die beiden Minister <u>werden</u> entlassen."	Er erklärte, die beiden Minister <u>würden</u> entlassen.
werden ➤ Vgh.-Form: wurden ➤	Umlaut: würden
„Dabei <u>schneiden</u> die Amerikaner gut <u>ab</u>."	Er sagte, daß die Amerikaner dabei gut <u>ab-schnitten</u>.
schneiden ➤ Vgh.-Form: schnitten	

100 Setzen Sie im folgenden Beispiel die Verwandlung in indirekte Rede fort.
Am Ende des 17. Jahrhunderts haben sich die Bürger zur führenden politischen

hätten

Kraft entwickelt. Die Kolonien boten den Kaufleuten ein weites Betätigungsfeld.

hätten   *geboten*

Überall im Land sammelten sich große Kapitalien an. Der Unternehmergeist der

Kaufleute wurde zu einem wichtigen Faktor der Politik. Innerhalb des Landes fie-

len die zahlreichen Herrschaftsgrenzen. Die Kaufleute erklärten: „Auf den Welt-

meeren finden wir keine Schlagbäume; dann müssen sie auch in England fallen"

Zitat und Paraphrase

Manche Lehrer/innen verlangen, daß Sie Textwiedergaben streng nach den Regeln des Konjunktivs für die indirekte Rede schreiben. Andere erwarten auch andere Formen der Wiedergabe, nämlich
– das Zitat und
– Formen der Paraphrase (Umschreibung).
In beiden Fällen werden zusätzlich Verweise auf Zeilen bzw. Seiten erwartet.

101 Fragen Sie im Unterricht, ob, für welchen Zweck und in welchen Klausurteilen Sie indirekte Rede mit Konjunktiv, Zitate oder Paraphrasen verwenden sollen.

Zitat
Andreas Sentker schreibt: „Mit vereinten Kräften mühen sich Neurobiologen und Mediziner, Computerexperten und Psychologen, das Bewußtsein zu ergründen" (Z. ... ff.).

ff.   = die folgenden Zeilen
f .   = die folgende Zeile

Paraphrase (Umschreibung)
Nach Sentker bemühen sich Neurobiologen und Mediziner, Computerexperten und Psychologen mit vereinten Kräften, das Bewußtsein zu ergründen (vgl. Z. ... ff.).

Zum Vergleich:
indirekte Wiedergabe/indirekte Rede
Andreas Sentker erklärt, mit vereinten Kräften mühten sich Neurobiologen und Mediziner, Computerexperten und Psychologen, das Bewußtsein zu ergründen (vgl. Z. ... ff.).

---

102 Fügen Sie in den folgenden Texten alle nötigen Satzzeichen ein. Der jeweils zweite Satz ist ein Zitat aus dem Text „Wie kommt die Welt in den Kopf?" auf S. 25 ff.

① Sentker teilt mit _____ Für den Psychologen Ernst Pöppel ist das Leib-Seele-Problem eher ein Fall für die Linguistik als für die Hirnforschung _____

(Z. 25 ff.) _____

② Außerdem zitiert er den Oxforder Neurophysiologen Colin Blakemore mit der Feststellung _____ Je mehr wir über das Gehirn wissen, um so bedeutungsloser wird es – ein Phänomen, das sich gleichsam verflüchtigt _____
(Z. 34 ff.) _____

103 Formulieren Sie nun eine **Umschreibung** der Zitataussagen. Nutzen Sie dabei eine der folgenden Möglichkeiten. Vergessen Sie die Zeilenhinweise nicht.

> Nach Pöppel/Blakemore ist ...
> Pöppel/Blakemore geht davon aus, daß ...
> Folgt man Pöppel/Blakemore, dann ist ...

① _____

_____

_____

② _____

_____

_____

104 Geben Sie nun die Zitate aus Übung 102 in indirekter Rede wieder. Verwenden Sie dabei den passenden Konjunktiv sowie Zeilenhinweise.

① _____

_____

_____

② _____

_____

_____

Im Prinzip dürfen Zitate in ihrem Wortlaut nicht verändert werden. Kein Wort darf weggelassen, keines darf einfach hinzugefügt werden. Auch die Reihenfolge der Wörter darf nicht variiert werden. Sind jedoch Änderungen aus irgendeinem Grund unvermeidlich – z.B. weil das Zitat sonst nicht in den eigenen Satz eingefügt werden könnte –, dann muß diese **Änderung kenntlich gemacht** werden.

Vollziehen Sie nach, wie das folgende Zitat in verschiedener Weise in Sätze eingebaut worden ist.

> „1969 war es ihm erstmals gelungen, den chemischen Aufbau eines Antikörpermoleküls vollständig zu entziffern; heute glaubt er, den Schlüssel zum Bewußtsein gefunden zu haben" (Z. 105 ff.).

Möglichkeiten der Einfügung:

<u>Nach Sentker</u> ist es Edelman 1969 „erstmals gelungen, den chemischen Aufbau eines Antikörpermoleküls vollständig zu entziffern" (Z. 105 ff.).
<u>Sentker sagt</u>, daß es Edelman 1969 „erstmals gelungen **(sei)**, den chemischen Aufbau eines Antikörpermoleküls **(...)** zu entziffern"; heute glaube er, „den Schlüssel zum Bewußtsein gefunden zu haben" (Z. 105 ff.).
Der Autor befaßt sich dann mit dem Nobelpreisträger Gerald Edelman. 1969 – <u>so Sentker</u> – ist es diesem „erstmals gelungen, den chemischen Aufbau eines Antikörpermoleküls **(...)** zu entziffern" (Z. 105 ff.).

---

105 Leiten Sie Regeln ab.

① Wenn man ein Wort oder mehrere Wörter aus einem Zitat wegläßt, dann _____

_____

② Wenn man in ein Zitat ein Wort einfügt, das dort zunächst nicht gestanden hat,

dann _____

_____

106 Bauen Sie die folgenden Zitate von Edelmann aus dem Sentker-Text auf S. 25 f. jeweils in einen eigenen Satz ein.

① „Der darwinistische Kampf ums neuronale Überleben findet im Kortex, der Großhirnrinde, statt" (Z. 126 ff.).
Sentker referiert, daß nach Edelman _____

_____

_____

② „Die Reize der Außenwelt lassen die Zahl der Verbindungen und ihre Stärke wachsen" (Z. 128 ff.).
Edelman vertrete außerdem die These, daß _____

_____

_____

③ „Damit sieht sich Edelman als Nachfolger des griechischen Philosophen Empedokles" (Z. 112).
Sentker bemerkt dazu, daß sich Edelman _____

_____

_____

Sprachliche Möglichkeiten der Zitateinbindung

Zitateinbindung vorweg:
Andreas Sentker erklärt dazu: „…".
Weiterhin heißt es in seinem Text: „…".
Der Autor fragt: „…?"

Zitateinbindung nachträglich:
„…", heißt es bei Sentker.
„…", macht Sentker deutlich.
„…", fragt der Autor.

Zitateinbindung als Unterbrechung:
„…", erklärt Sentker, „…".
„…", so Sentker, „…".
„…", so fragt der Autor, „…".

Schauen Sie sich die Zeichensetzung genau an. Der Schlußpunkt muß nach einem Zitat nur gesetzt werden, wenn das Zitat selbst nicht mit Satzschlußzeichen (Punkt, Fragezeichen, Ausrufezeichen) endet.

107 Verwenden Sie die folgenden Sätze aus dem Text „Wie kommt die Welt in den Kopf" komplett als Zitate. Nutzen Sie dabei die oben aufgeführten sprachlichen Möglichkeiten, so daß sich eine Abwechslung ergibt. Achten Sie auf die Satzzeichen.
Andreas Sentker in seinem Text „Wie kommt die Welt in den Kopf?":
① „Christof Koch vergleicht das neuronale Theater mit den Lichtern an einem Weihnachtsbaum" (Z. 138 ff.).

_____

_____

_____

② „Wo ist im Gewirr der Signale das Bewußtsein verborgen?" (Z. 153 f.).

_____

_____

_____

③ „Für Christof Koch (...) steckt es in dem raumzeitlichen Muster der neuronalen Aktivitäten" (Z. 154 ff.).

_____

_____

_____

④ „Andere Forscher haben dagegen ihre Probleme damit, etwas so Unvorhersehbares wie den Geist in einer Welt zu entdecken, die von feststehenden physikalischen Gesetzen beherrscht wird" (Z. 163 ff.).

_____

_____

_____

_____

_____

108 Extra-Übung: Zu guter Letzt können Sie die Zitate in indirekte Rede umwandeln. Wenn Ihnen das keine Schwierigkeiten mehr bereitet, haben Sie wirklich gut gearbeitet.

D Checkliste

Gewöhnen Sie sich an, Ihren Text abschnittweise noch einmal gründlich zu überprüfen. Planen Sie dafür von vornherein Zeit ein.

Beim Schreiben eines Aufsatzes stockt ab und zu der Schreibfluß. Man lehnt sich zurück und atmet kräftig durch. Das ist die beste Gelegenheit für ein kurzes Korrekturlesen. Oft merkt man erst beim nachträglichen Durchlesen, wie viele – und wie schwerwiegende – Fehler man beim Schreiben gemacht hat. Meist ist alles noch korrigierbar. Das Durchlesen Ihres letzten Abschnitts hilft Ihnen außerdem, die folgenden Überlegungen schlüssig mit dem Vorherigen zu verbinden. Das kommt Ihrem Aufsatz zugute.

Beim Durchlesen können Sie sich an ein paar Fragen halten. Es sollten nicht zu viele sein.

♦ Beziehen sich meine Ausführungen auf die Fragestellung/die **Aufgabenstellung?**

♦ Ist der Abschnitt in sich **schlüssig und klar**? Gibt es keine Widersprüche, keine unverständlichen Äußerungen?

♦ Habe ich die nötigen **Fachbegriffe** richtig verwendet – oder überhaupt verwendet?

♦ Ist der Abschnitt **leserfreundlich** geschrieben?
  – Habe ich inhaltliche **Wiederholungen** vermieden?
  – Habe ich alle Denkschritte, die in meinem Kopf waren, auch aufs Papier gebracht, oder gibt es **Gedankensprünge**?
  – Sind Wortschatz und Satzbau **abwechslungsreich**?

Für ein gründliches Korrekturlesen des gesamten Klausurtextes sollte am Schluß noch genügend Zeit bleiben. Hier sollte es Ihnen besonders um folgende Aspekte gehen:

♦ Habe ich **alle Aufgaben und Aufgabenteile umgesetzt**?

♦ Stimmen **Rechtschreibung, Zeichensetzung** und **Grammatik**?

♦ Sind keine **Wörter irrtümlich ausgelassen** worden?

Quellenangaben

S. 16 f. : „TV-Trailer sollen Zuschauer zur Folgesendung rüberziehen" von Dieter Deul in: Rheinische Post, erschienen im Dezember 1994.
S. 18 f.: „Wunderdroge aus der Zirbeldrüse" von Andreas Sentker in: DIE ZEIT Nr. 47, 17. 11. 95.
S. 25 ff. : „Wie kommt die Welt in den Kopf?" von Andreas Sentker in: DIE ZEIT Nr. 7, 9.2.96.

Durchblick
für Wissensdurstige

Wirtschaftslexikon
Daten, Fakten und
Zusammenhänge
Von Frank W. Mühlbradt
4., aktualisierte und völlig
überarbeitete Auflage 1996
(56.–70.Tausend)
Ca. 428 S., 232 Abb., gebunden
ISBN 3-589-21081-8

Religionslexikon
Hrsg. Georg Bubolz
3., aktualisierte Aufl. 1996
368 S., 230 Abb., gebunden
ISBN 3-589-20936-4

Mathematiklexikon
Hrsg. Willy Meersmann
1994. 312 S., 577 Abb., gebunden
ISBN 3-589-20894-5

Musiklexikon
Von Mechthild von Schoenebeck,
Gunter Reiß und Justus Noll
2. Aufl. 1996. 392 S.,
205 Abb., gebunden
ISBN 3-589-20900-3

Grammatiklexikon
Von Karl-Dieter Bünting und
Wolfgang Eichler
2. Aufl. 1993. 208 S., gebunden
ISBN 3-589-20873-2

Kunstlexikon
Hrsg. Johannes Eucker
1995. 384 S., 401 Abb.,
davon 53 vierfarbig, gebunden
ISBN 3-589-20928-3

Theaterlexikon
Von Lothar Schwab
und Richard Weber
2. Aufl. 1992. 384 S.,
129 Abb., gebunden
ISBN 3-589-20893-7

Geschichtslexikon
Hrsg. Heinrich Pleticha
3., überarbeitete Aufl. 1994
448 S., 248 Abb., gebunden
ISBN 3-589-20944-5

**Cornelsen Verlag
Scriptor**

Fragen Sie bitte in Ihrer
Buchhandlung !